財政健全化法と自治体運営

明治大学公共政策大学院
ガバナンス研究科教授

兼村高文 著

税務経理協会

はじめに

「国民の福祉が最高の法である」。これは17世紀のイギリス思想家ジョン・ロックが『統治論』に書いた一節である。ロックの政治思想は後にアメリカの独立宣言に盛られフランス革命にも影響を与えたが、彼の思想は今日においても公共の制度は"国民の福祉"を基本原則として構築せよと語りかけているように思われる。

夕張市の破綻騒動は、まさに国民の福祉を置き去りにした破綻法制が夕張市民に悲劇をもたらしたということができる。これまでの破綻法制は、終戦後に財政危機に瀕した地方財政を一時的に救済するために制定されたもので、その後の再建を意図したものではなかった。確かにその後は繁栄の中で誰もが自治体の"破綻"など想像だにしなかった。国は地域開発に地方債を財源として積極的に後押しをしてきた。しかし、バブル崩壊後に異常に積み上がった地方債残高は再び財政危機を引起こし、過疎地域の住民に悲劇をもたらした。破綻法制を放置したつけは、夕張市民に長く重く圧しかかることになった。

折しも地方分権化とともに、自治体の新たな再生型の破綻法制の在り方を議論していた当時の竹中総務大臣は、夕張破綻も重なり地方債の貸手責任を問う債務調整の問題も含めて破綻法制の見直しを急ピッチで進めた。その結果、平成19年6月に「地方公共団体の財政の健全化に関する法律」が公布され、平成21年4月（一部は平成20年4月に施行された）から新たな破綻法制がスタートすることになった。いささか急ぎすぎた感は否めないが、迅速な対応は時代の変化が早い今日においては重要なことでもある。問題があれば再び迅速に改善を図ればよい。住民の福祉の意識も移り気であるから、それにあわせて臨機応変に対処することが何より重要であろう。

本書は、新たな破綻法制である「地方公共団体の財政の健全化に関する法律」を解説した上で、決算統計を読みながら健全度のポイントを述べ、健全化に向けた最近の施策を紹介するものである。今後とも地方分権化が進む中で自治体

の自己決定・自己責任は一層のこと求められる。行政，住民，議員など公共に係る皆が相互に共助のガバナンスを築いていかなければならない。本書が若干なりともお役に立てれば幸いである。

　いつものことであるが，本書の作成にあたって根気強く協力していただいた税務経理協会編集部部長峯村英治氏に衷心よりお礼を申し上げる。

　平成20年7月

兼村髙文

目　　次

はじめに

第1章　再建制度から再生制度へ …………3

1　再建制度の見直し ………3
1　夕張"破綻"のショック ………3
2　地方分権改革と破綻問題 ………7

2　自治体の債務と各国の"破綻"制度 ………9
1　破産しない自治体の破綻 ………9
2　各国の地方債制度と破綻制度 ………13
3　アメリカ連邦破産法にみる自治体の破綻制度 ………15

3　新たな財政再生制度の創設へ ………17
1　夕張破綻の教訓 ………17
2　再生法制の創設 ………21

第2章　健全化法の制度と自治体財政 ………23

1　健全化法の解説 ………23
1　健全化法の概要 ………23
2　健全化法の法律要綱 ………26

2　健全化法の運用 ………35
1　健全化法の財政指標と早期健全化基準・財政再生基準・経営健全化基準 ………35
2　健全化判断比率と経営健全化比率の内容 ………39

1

3　早期健全化計画・財政再生計画・経営健全化計画の内容と
　　　手続き･･65
　3　健全化法と自治体財政･･68
　　1　健全化法の読み方･･･68
　　2　健全化法と自治体財政への影響･････････････････････････････････71

第3章　自治体決算から読む財政の健全度･･････77

　1　**自治体の決算と会計区分**･･･77
　2　**「決算カード」から読む財政の健全度**･･････････････････････････････80
　　1　普通会計決算の分析･･･80
　　2　類似団体との比較分析･･･104
　　3　公営企業等の分析･･･108

第4章　財政健全化への取組み･･････････････････109

　1　**健全化法の有用性と課題**･･･109
　　1　健全化法の有用性･･･109
　　2　健全化法の課題･･･111
　2　**財政健全化への取組み**･･･113
　　1　公営企業の再建･･･113
　　2　公営企業金融公庫の改革－地方公営企業金融機構の創設－･･････････116
　　3　地方公社・第三セクター等の救済－地域力再生機構の創設－･･････････117
　　4　財政健全度のアピール－自治体の「格付け」取得と広報
　　　（IR）活動－･･119
　　5　公会計の改革方向･･･121

目　　次

第5章　自治体これからの財政危機管理 ……123

1　財政危機の認識 ……123
1　自治体財政の危機のとらえ方 ……123
2　だれが財政危機を管理するのか ……124

2　これからの危機管理－市民主義のガバナンスを構築する－ ……125

資　　料

資料1　健全化判断比率の状況 ……130
資料2　決算状況（決算カード，平成19年度からの様式）……132
資料3　財政健全化計画書，財政再生計画書，経営健全化計画書 ……134
資料4　地方公共団体の財政の健全化に関する法律 ……145
資料5　地方公共団体の財政の健全化に関する法律施行令 ……162

参考文献 ……177

索　引 ……179

財政健全化法と
自治体運営

兼村 髙文

第1章
再建制度から再生制度へ

1 再建制度の見直し

1 夕張"破綻"のショック

　いろいろな処でリスク・マネジメント（危機管理）が問われている。財政危機への対応は第二臨調（昭和56年）から進めてきたので，すでに四半世紀が過ぎた。しかし危険度は増すばかりで一向に改善されない。そうした中で，地方財政の危機が現実のものとなった。夕張市の"破綻"である。夕張破綻のニュースは，改めて地方財政が危機的状況にあることを国民に知らせたが，同時に，破綻の真相が明らかになるにつれて，自治体の財政再建制度や会計・監査制度がいかに不備であったかを露呈した。

　夕張破綻についてはすでに詳細な報道と分析がなされているが，簡単に振り返って概要を述べておこう。夕張市が破綻状態であることが明らかになったのは，平成18年6月に当時の後藤夕張市長が地方財政再建促進特別措置法（以下，旧再建法とする）の準用規定で財政再建団体の申請する旨を議会に表明したからである。財政再建団体は，自主再建の選択をしない場合に総務大臣に申し出て同意をえて適用される。夕張市長は平成17年度で赤字決算が避けられず，赤字の解消は自主再建では困難とみて，財政再建団体の適用を申請したのである。

　夕張市が破綻を表明して北海道庁は直ちに調査を開始した。その結果，驚く

べきことが次々に判明した。報道でも明らかなように，観光事業や病院事業で抱えていた赤字を一般会計で借入れた一時借入金を融通して黒字化していたのである。具体的には，一般会計で一時的に民間金融機関から借入れた資金を赤字の事業会計に貸付金として貸付け，出納整理期間（4月1日から5月31日）を含む年度内に事業会計から返済してもらうことで，一般会計の歳入歳出予算に借入金が計上されず事業会計を黒字化していたのである。こうした手法（夕張市では"ジャンプ"と呼んでいた）を繰返して破綻を免れてきたのであるが，明らかな違法とはいえないまでも不適正な会計処理であったことは確かである。

　不適正な会計処理を続けた結果，返済すべき借金は巨額に上った。"ジャンプ"は平成4年に下水道事業からはじまり観光事業や病院事業，宅地造成事業，介護保険事業など多くの事業会計に広がり額も膨れていった。また更に，観光事業会計から第三セクターにも同じような手法で貸付が行われていた。最終的に道庁の調査報告（平成18年9月）などで夕張市が解消すべきとされた赤字額は，普通会計（決算統計上の会計区分で，夕張市では一般会計と住宅管理会計）の赤字額60億円，病院事業閉鎖による累積債務清算額45億円，観光事業閉鎖による累積債務清算額186億円など合計で353億円にも上った。これは夕張市の標準財政規模（44億円）の8倍に達した。夕張市の前に財政再建団体の指定を受けた福岡県赤池町（現福智町，再建期間は平成4年2月〜13年12月まで）の赤字額は，標準財政規模の1.3倍でしかなかったからいかに巨額であったかがわかる。

図表1-1　夕張市と赤池町の破綻時の財政状況

	夕　張　市 平成17年度決算	赤　池　町 平成2年度決算
標準財政規模	44億円	24億円
財政力指数	0.23	0.14
経常収支比率	134.2%	88.5%
実質公債費比率	28.6%	－
公債費比率	28.4%	25.7%
起債制限比率	26.8%	20%
返済赤字額	353億円	132億円
再建計画期間	18年	10年 （8年で再建完了）

第1章　再建制度から再生制度へ

　前代未聞の赤字を抱えて破綻した夕張市は，結局，平成17年度で実質収支比率が20％を超える赤字決算が確定したため，平成19年3月に財政再建団体に指定され，平成19年から平成36年まで実に18年間にわたって353億円もの巨額の赤字を解消することになった。再建計画では最初の10年間で毎年10～15億円，その後は20～30億円を解消する予定である。その内容を見ると，住民の負担は市民税は均等割が3,000円から3,500円，所得割が6％から6.5％，固定資産税が1.4％から1.45％へそれぞれ税率が引き上げられるほか，軽自動車税は1.5倍となる。更に施設使用料や下水道使用料，各種交付手数料が軒並み引き上げられる。他方，行政サービスは夕張市の単独事業は全て廃止され国の補助事業のみとなる。更に小中学校は統廃合され，図書館は廃止，市民病院は診療所となるなど，児童生徒と高齢者にとっても厳しい内容である。もちろん市職員定数と人件費の大幅な削減も実施される。

　夕張市が破綻を表明して以来，1年間で人口の5％に相当する600人余りが夕張市を去った。とくに若い世代でみると10％の減となっている。残った約13,000人の住民も10年後には半分の6,000人になるとの予測もある（北海道新聞）。そうなれば，18年という再建計画の見直しも余儀なくされる。当面は激変緩和措置で高齢者や子育て世代の負担は抑えられているが，やがて厳しい負担と行政サービスのカットが行われることもありうる。転出したくてもできない市民にとっては，あまりにも酷である。破綻の責任が追及されていない現在，この現実をどう受け止めればよいのか。

　夕張破綻の最大の要因はガバナンスの欠如である。市長が巨額の赤字を長年にわたって隠せた事実は，監査や議会のチェックが全く働かなかったことを語っている。監査委員は何を監査してきたのか，議会は何を審議してきたのか。形式ばかりの監査と議会機能の低下が市長の独断専制を許してきた側面は否めない。

　夕張市のような破綻は二度とあってはならない。夕張ショックから何を教訓として学び，今後，これをどう活かすのか。折しも地方分権改革が進められる中で，再建制度の見直しが議論されていた。どのような議論が展開され，どう

図表1-2　夕張市財政再建の主な取組み

■主な歳入の確保

税　　目		引上げの内容
市民税	個人・均等割	3,000円→3,500円
	個人・所得割	6.0%→6.5%
固定資産税		1.4%→1.45%
軽自動車税		現行税率の1.5倍
入湯税		宿泊（150円）・日帰り（50円）
施設使用料		50%引上げ
市営住宅使用料		滞納者に対する徴収強化
下水道使用料		1,470円／10㎥→2,440円／10㎥
各種交付手数料等		各種交付・閲覧等（150円～200円引上げ） 各種検診料（100円～500円引上げ）
ゴミ処理手数料（新設）		家庭系混合ごみ（2円／ℓ）・粗大ゴミ（20円／kg）等

■主な歳出のカット

区　分	見直しの内容
一般職給与等	・職員数（H18）269→（H22）103（4年間で166人減） ・給与　基本給平均30%及び各種手当削減 　※年収　平均（640→400万円）　管理職（820→440万円）
特別職給与	・給料（千円）　市長（862→259）　助役（699→249） 　教育長（589→239） ・手当　期末手当（80%以上削減）　退職手当（当分の間未支給）
議員報酬	・報酬（千円）　議長（371→230）　副議長（321→200） 　議員（301→180） ・期末手当支給率　4.45月→2.45月 ・定員　18→9人（⑲一般選挙から）
その他委員報酬	各種委員会の委員報酬等を平均で60%削減
物件費	事務事業の見直しによる削減のほか内部管理経費の削減
維持補修費	公共施設の廃止・統合による削減
補助費等	各種団体補助及び会議負担金の廃止・縮減

出所：夕張市「財政再建計画書」。

動いてきたのか見てみよう。

2 地方分権改革と破綻問題

これまでの地方分権改革を振り返ると，平成12年に地方分権一括法が施行されたことで1つの成果をみた。その後，税財源の分権化が小泉内閣でいわゆる三位一体改革として実現した。三位一体改革は，先の分権改革で残されていた地方への税源移譲を所得税という国税基幹税から実現させた一方で，地方交付税を大幅に削減したため地方財政はより厳しい運営を強いられた（国庫補助負担金4.7兆円削減に対し3兆円の税源移譲，地方交付税は平成14年から5兆円の減）。とくに財政力の弱い自治体は，税源移譲による増収より地方交付税の削減の影響が大きく，地方財政を悪化させてきた。夕張破綻も三位一体改革で地方交付税が削減されたことが破綻への引金となったといえる。

小泉内閣で分権改革を市場主義で推進した竹中総務大臣は，三位一体改革後の地方分権の具体的な改革ビジョンを議論するために「地方分権21世紀ビジョン懇談会」（以下，ビジョン懇談会とする）を平成18年1月に設置した。ここでは検討課題の1つに，地方の責任の明確化として清算型ではない再生型の倒産法制をあげた。地方債の協議制移行とともに地方債の貸手責任を問う債務調整の是非も論じながら，自治体の新たな再生型の破綻法制の検討が始まったのである。

ビジョン懇談会は11回の会合を経て，平成18年7月に報告書がまとめられた。そこでは，現状の問題点の1つに，地方の累積債務の増大をあげていた。地方債の残高が欧米諸国の5～6倍と巨額に上ることに加えて，外郭団体を含めて実質的債務が巨額であるにも関わらず，早期是正の仕組みや再建制度が機能してないことが問題であるとした。また不透明な地方行財政の実態についても問題点としてあげ，情報開示が不十分で不透明な行財政であるとし，再生型破綻法制の整備について以下のようにまとめられた。すなわち「護送船団方式により形成された「国が何とかしてくれる」という神話が，財政規律の緩みにつながってきた面を否定できない。経営に失敗すれば，自治体も破綻という事態に

立ち至る，という危機感を持つことが，地方財政の規律の回復のために必要であるとの指摘がある。自治体運営においては何より住民への行政サービスを継続することが重要であり，その意味でも，いわゆる"破綻"の意味するところを明確にし，透明な早期是正措置によってその事態を回避し，再生への道筋を明らかにすることが重要である。」とし，再生型破綻法制の検討を早期に着手して3年以内に整備すべきとしたのである。

また，地方六団体も平成18年1月に分権型社会のビジョンを提言するために「新地方分権構想検討委員会」を立ち上げ，同年11月に報告書『豊かな自治と新しい国のかたちを求めて』をまとめた。同報告書で財政再建制度の見直しについては，「首長・地方議会の責任を強化し，住民負担を導入し，原則として貸し手責任を問わず債務は完全に履行すること」などを提言し，地方自治法に基づいて政府及び国会に対して意見提出を行った。

小泉内閣最後となった平成18年の経済財政諮問会議では，市場化とともに歳入歳出一体改革を進めることを中心に「基本方針2006」（7月閣議決定）がまとめられた。地方財政に関しては，引続き地方分権を推進し自治体が自発的な取組みが促進できるよう制度改革を行う中で，再建法制を適切に見直すべきとされた。

こうした報告書等を受けて，総務省は，平成18年8月に「新しい地方財政再生制度研究会」（以下，再生制度研究会とする）を立ち上げ，昭和30年に成立（同時施行）した地方財政再建促進特別措置法に代わる新たな財政再建法制の整備に取り掛かった。再生制度研究会では，現行の再建制度の問題点として，①早期の是正措置がないため結果として長期にわたる再建に陥ってしまう，②フローのみでストックの基準がなくストックに問題を抱えている団体を捉えられない，③破綻の要素に地方公社や第三セクターが含まれていない，④貸手の責任（債務調整）を適用した場合の課題は何か，⑤公会計が不備で財政情報の開示が不十分である，また⑥アメリカの破綻法と比較してどうか，などが検討された。

再生制度研究会は3か月余りの間に11回の会合を開き，平成18年12月に報告

書が提出された。同報告書では，早期にストックの時価評価が行われるよう公会計の整備が進展することを前提として，透明なルールに基づく早期是正スキームを設け，それでも改善しない場合には再生スキームが適用される2段階の新たな手続きを構築する再生制度を提案した。なお債務調整については，今回は導入せず，引続き平成19年1月に設置した「債務調整等に関する委員会」において導入する場合の具体的な課題を検討することとなった。

　再生制度研究会の報告書を受けて菅総務大臣は，平成19年の通常国会に新たな再生法案を提出し，同年6月に法律が成立した。夕張破綻の件もあり，ビジョン懇談会で3年以内に整備すべきとした再生制度の見直し時期は2年も早く実施されることになった。

❷ 自治体の債務と各国の"破綻"制度

1 破産しない自治体の破綻

　"破綻"とは，広辞苑によれば「物事が成立しないこと，従来の関係が壊れること」であり"破産"は「家産を破り失うこと」とある。一般的にはいずれも壊れることを意味しているが，破産を法的にみれば「債務者がその債務を完済することができない状態に陥った場合に，総債権者に公平な弁済を受けさせようとする裁判上の手続き」であり，まさにBankruptcyであって債務者は消滅する。

　一般的な意味合いでは，自治体の"破綻"は"破産"と同義に用いられているが，破産法となると裁判上の手続きを意味することになる。もちろんわが国には自治体に適用される破産法はないし，アメリカの州以下の自治体に適用される破産法も自治体を消滅させるものではない。したがって，法的な破産による自治体の消滅はないが，返済不能となることはありえる。実際わが国で戦前ではあるが，北海道留萌町（現留萌市）が大正10年に内務省の許可をえて民間資金で地方債を発行したもののその後に返済不能となったことがある（留萌町は代

物弁済により返済した)。もっとも，今日の地方財政計画と地方債計画の枠組みのなかでは，起債自由(協議制)であっても地方債の元利償還は財源手当てされているため，マクロベースでは返済不能とはならないはずである(ただし，協議が不同意で議会で議決して起債した分はこの限りでない)。

しかし，夕張破綻でみられたように，自治体が地方公社や第三セクター等の外郭団体に対して過度に損失補償・債務保証を行っている場合には，返済不能ということも考えられる。自治体は第三セクター等を設立することで自ら資金調達せずに観光事業や交通事業ができるため，これまで多くの株式会社等に出資してきた。第三セクターは昭和60年代から株式会社を中心に増え，バブル崩壊後の平成4年にピークを記録している。その後はさすがに減少してきたが，それでも平成19年3月末現在，地方三公社(住宅，道路，土地開発)は1,227社，第三セクター(商法法人，民法法人)は6,706社ある。このうち債務保証・損失補償の残高を有している法人の割合は，地方三公社で68.0％，第三セクターで7.3％となっており，その残高総額は地方三公社が7兆744億円，第三セクター

図表1-3　地方公社・第三セクターの対外債務，債務保証・損失補償の状況

(平成19年3月末)

	法人数 (A)	対外債務を負う法人数 (B)	割合 (B)/(A) ％	対外債務の額 (億円)	債務保証・損失補償残高を有する法人数			
					法人数 (C)	割合 (C)/(A)	割合 (C)/(B)	額 (億円)
地 方 公 社	1,227	908	74.0	79,420	834	68.0	91.9	70,744
住　　　宅	57	46	80.7	14,943	23	40.4	50.0	6,097
道　　　路	42	41	97.6	22,409	41	97.6	100.0	22,786
土 地 開 発	1,128	821	72.3	42,068	770	68.3	93.8	41,861
第三セクター	6,706	1,720	25.6	51,555	489	7.3	28.4	23,109
商 法 法 人	2,748	1,043	38.0	30,522	182	6.6	17.4	4,589
民 法 法 人	3,958	677	17.1	21,033	307	7.8	45.3	18,520

注：商法法人・民法法人は①地方公共団体の出資比率が25％以上の法人，②地方公共団体の出資比率が25％未満であるものの財政的支援(補助金，貸付金，損失補償)を受けている法人の合計。
出所：総務省自治財政局。

第1章 再建制度から再生制度へ

図表1－4 債務超過額の多い地方公社・第三セクター

(平成19年3月末, 億円)

名　　称	債務超過額	債務保証・損失補償の合計
① 東葉高速鉄道（千葉県等）	517.3	0
② 大阪ワールドトレードセンタービルディング（大阪市）	499.2	527.4
③ 茨城県住宅供給公社（茨城県）	426.4	608.1
④ アジア太平洋トレードセンター（大阪市）	291.1	351.7
⑤ 和歌山県土地開発公社（和歌山県）	207.0	230.6
⑥ クリスタ長堀（大阪市）	151.8	99.2
⑦ 海上アクセス（神戸市）	128.3	0
⑧ 北総鉄道（千葉県）	102.8	0
⑨ 大阪市土地開発公社（大阪市）	90.0	672.4
⑩ 山梨県土地開発公社（山梨県）	89.9	25.8

出所:「日本経済新聞」, 平成20年3月10日朝刊。

が2兆3,109億円に上っている。とくに地方三公社はその対外債務のほとんどが自治体によって補償され残額も巨額である。また第三セクターのうち約40％が赤字であり, 更に債務超過に陥っている法人は436社を数え, その総額は4,448億円に達している。

以上のように, 破産しない自治体であっても, 外郭団体に付けられた債務保証・損失補償によって自治体が返済不能の状態に陥ることはありえる。債務保証は金融機関が外郭団体に融資する際に自治体に債務の保証を求めるもので, 原則として行いえないが特別に法律で定める場合（地方道路公社法等）と総務大臣の指定する法人等については認められている。また損失補償も外郭団体が受けた融資の返済が不能となったとき, 金融機関が被った損失を自治体が外郭団体に代わって補償するもので, 損失補償は制限されてなく債務負担行為を設定することができる。損失補償は債務保証と経済的には同じ効果をもち実態としても大きな違いはなく, 過度な損失補償は破綻の危険を招くことになる。

図表1－5は, 自治体別に地方公社・第三セクター（出資50％以上）の債務残

11

図表1－5　地方公社・第三セクターの債務残高が多い自治体

(50％以上出資分，平成18年3月)

自治体	借入金・社債合計 （億円）	全地方債比	地方税比
① 東京都	13,967(20)	11.6	30.3
② 福岡県	7,477(7)	29.5	146.6
③ 横浜市	6,983(12)	14.4	104.6
④ 愛知県	5,822(10)	13.6	53.5
⑤ 名古屋市	5,281(8)	16.3	111.5
⑥ 大阪府	4,714(8)	9.3	42.3
⑦ 茨城県	2,864(12)	12.6	80.9
⑧ 兵庫県	2,852(6)	7.1	49.7
⑨ 大阪市	2,705(15)	5.2	43.0
⑩ 神戸市	2,374(11)	9.4	92.4

注：借入金は金融機関からの分。（　）内は法人数。
出所：「日本経済新聞」，平成19年2月7日朝刊。

高が多い順にみたものである。最も多いのは東京都で約1兆4千億円であり，都債残高との比率では11.6％，地方税収比では30.6％に相当する。一方，福岡県は約7千500億円の債務残高であるが県債残高との比率は29.5％と高く，また地方税収比では146.6％で税収を1.5倍も上回っている。これらの債務は自治体に開示の義務はなく，住民の目の届かないところにあるが，夕張破綻の事例から総務省は普通会計等に加えて外郭団体の債務残高についても，総務省のホームページで平成16年度決算より全自治体について「財政比較分析表」に記載し公表している。

　また図表1－6は，自治体別に地方公社・第三セクターの債務保証・損失補償の合計額を標準財政規模で除して比率を求めたものである。最も比率が高いのは青森県大鰐町で223.4％，次に大阪府交野市が174.1％，福岡県久山町が146.3％などとなっている。大鰐町は閉鎖となったレジャー施設を運営してきた第三セクターに銀行と損失補償契約を結んでいた。交野市は損失保証額自体は

図表 1-6　地方公社・第三セクターに対する債務保証・損失補償が多い自治体

（平成19年3月末現在）

		債務保証・損失補償の標準財政規模比	債務保証・損失補償の総額（億円）
①	青森県大鰐町	222.3	73
②	大阪府交野市	174.1	226
③	福岡県久山町	146.3	34
④	長野県下諏訪町	144.0	66
⑤	滋賀県栗東町	139.6	187
⑥	群馬県長野原町	130.5	31
⑦	北海道夕張市	128.1	57
⑧	奈良県上牧町	116.8	54
⑨	奈良県平群町	111.4	46
⑩	茨城県高萩市	108.6	80

出所：「日本経済新聞」，平成20年1月27日朝刊。

少なくても一般財源が細る中では，財政規模の小さい自治体はより厳しい状況に直面している。

　以上のように，自治体の財政は一般会計のみならず全ての特別会計を連結して開示することが不可欠である。民間企業の場合には当然に連結決算が義務づけられている。公会計でも連結決算の重要性が論じられているように，外郭団体を含めて自治体の債務を監視することが破綻を招かない重要なポイントといえる。

2　各国の地方債制度と破綻制度

　わが国の地方債をめぐる環境は，地方分権化と行財政改革の中で大きく変わってきた。平成18年度から起債が許可制から協議制となり，発行条件が統一条件交渉方式から個別条件交渉方式へと変わり，地方債資金は政府資金から民間資金へとシフトしてきた。こうしたことから市場公募債は拡大し，一般の自

治体でも起債可能なミニ公募債も登場してきた。平成20年度地方債計画で民間資金は6割を超えている。地方債も市場化と分権化の波が押し寄せている。地方債が民間資金で自由化に起債できるようになると、破綻のリスクも高まる。それだけに自治体には自己責任・自己管理が求められる。

各国の地方債制度と破綻法制を見てみよう。図表1-7はアメリカ、イギリス、フランス、ドイツの地方債制度と破綻制度を簡単にまとめたものである。各国とも地方分権化が進み、中央政府の関与は少なくなり、起債は原則自由となっている。また地方債の資金は民間資金が主である。ただし、地方債の使途

図表1-7　各国の地方債制度と財政再建制度

	日　本	アメリカ	イギリス	フランス	ドイツ
中央政府(州)の起債への関与	原則自由だが資本的支出に限定、公債比率による起債制限あり	州政府の許可住民投票等による規制あり	原則自由だが資本的支出に限定	原則自由だが予算均衡原則あり、一元的市場管理	州政府による発行額の許可
地方債の資金	政府資金と民間資金	民間資金	政府資金が主	民間資金が主	民間資金が主
地方債の使途	法定列挙による適債事業に限定、特例で赤字地方債可	州により資本的支出に限定あり	資本的支出に限定	資本勘定の支出に限定	資本勘定の支出に限定、状況により赤字地方債可
自治体の破綻制度	財政健全化法	連邦破産法第9条、州による対応	なし、債権者が裁判所に提訴可	なし	なし
中央政府(州)による支援	財政健全化法による再生振替債の発行等、特定調停による債務調整	州政府による個別財政支援あり	なし	例外的に特別助成金等による限定的財政支援あり	特にないが州政府による個別財政支援のケースあり

出所：的井宏樹「欧州の地方財政再建制度」『地方財政』平成16年7月号、地方財務協会、土居丈朗『地方債改革の経済学』日本経済新聞社、平成19年などを参考に作成。

は資本的支出に限定され，赤字地方債の発行は日本とドイツで例外的に認められるにすぎない。

各国の地方債制度を類型化したものをみると（ここでは土居丈朗『地方債改革の経済学』（日本経済新聞社，平成19年）による分類を引用した），①中央政府統制型（日本，イギリス等），②一元的市場規律型（フランス，カナダ等），③中央地方協調型（ドイツ，オーストラリア等），④ルール規制型（アメリカ，スイス等），の4つに分類される。単一制国家である日本とイギリスはなお中央統制型に区分されるが，傾向としては②ないし③へと変わりつつあり，世界的には地方政府と市場の規律による管理へと動いていると分析されている。

確かに，1980年代から各国で行財政改革とともに地方分権化を進める中で起債自由化へと動いてきた。しかし，起債自由化といっても財政規律を厳守しながらの自由化であり，日本のように財源対策債等の赤字公債を予算に計上している国はない。また議会の議決で国の同意なく起債ができる国は少ない。それゆえ日本では，自治体の破綻法制が必要になるということもいえる。

現在，自治体の破綻法制を有しているのは日本とアメリカくらいであり，他の国では明確な破綻法制はない。破綻法制を必要としないのは，財政制度全体で健全の枠組みをつくっているからであり，仮に返済困難なケースが生じたときは個別に対応している。

3 アメリカ連邦破産法にみる自治体の破綻制度

合衆国法典第11編に連邦破産法(U.S. Bankruptcy Code)がある。連邦破産法は第1章から第13章（奇数章のみ）まであり，そのうち第9章(Chapter 9, Adjustment of Debts of a Municipality)が自治体の破産を規定したものである。第9章は1934年に連邦破産法に追加されたのであるが，その背景は，自治体（水利組合：Irrigation District）が土地開発ブームの中で起債で事業展開したもののその後の不況で債務不履行に陥ったため救済措置が必要となり制定されたのである。

しかし，アメリカの自治体（Municipality）は州の"創造物"といわれるように，連邦法である破産法第9章（以下，破綻法とする）の適用の可否については

州ごとに定めてあり，また破産法が適用されても自治体の政治行政上の権限に介入するものではない。それゆえ破産法は，単に破綻自治体を債権者から保護し債務調整の計画を策定して実行させるための法律であって，自治体の存続を前提として債務調整の手続きを定めたものにすぎない。破綻法の申請に当っては，①自治体（Municipality）であること（州は対象とならず自治体のみが連邦破産裁判所に申請することができる），②州の許可があること（州は許可ないし却下を定める権限を有し，多くの州で無条件で許可しているが条件付許可の州もある），③支払不能者（Insolvent）であること（支払不能者とは債務を償還できず今後も償還不能である自治体をいう），④債権者の同意をえていること（原則として同じ種類の債務者の過半数の同意をえていることが必要であるが債務者が多数の場合はこの限りではない），が規定されている。

　自治体が破産裁判所に破産の申請を行い裁判所がこれを受理すると，債権者による債権の回収が禁止され自治体の資産は保全される。破産申請した自治体は債務調整の具体的な計画を破産裁判所に提出し，裁判所が計画を審査した上で承認すると計画が実行され，それと同時に破産状態は解除されることになる。

　破産法が制定されてこれまで，申請された件数は約500件ほどであるが，そのほとんどは学校区や病院，水道などの特別区（District）であった。しかし最近の事例では，カリフォルニア州オレンジ郡が1994年に州の許可をえて破産を申請し認められている。オレンジ郡は，州の固定資産税率引下げ（プロポジション13）が影響して歳入が落込んだためこれを投資ファンドの運用益で補ってきたのであるが，財務担当官がデリバティブ投資で失敗し財政破綻した。そこで郡は，資産を保全するために破産法の適用を申請したのである。オレンジ郡は1996年に財政再建債の発行が州によって認められるなどして，破綻してわずか2年で破綻状態は解除された。

　一方，破産法の適用が却下されたケースもある。コネチカット州ブリッジポート市は，1980年代後半からの経済不況で財政危機に陥り州の支援を受けながら財政再建を進めたが，1991年に市長は自主再建を断念し連邦裁判所に破産申請をした。しかし裁判所は申請を却下した。そのため州法の定めにより，財

第1章　再建制度から再生制度へ

政審査委員会のもとで再建が行われた。またマサチューセッツ州チェルシー市は，1991年に深刻な財政危機に陥ったにも拘らず市当局が適切な対応をとらなかったとして，州議会はチェルシー市長の解任と破産管財人による再建を内容とする特別法を定めて財政再建を行った。

アメリカの自治体の破綻法制は，自治体の主権を前提として連邦法が定める規定と，州の主権で定める規定がある。いずれも更生の手続きを定めたもので日本の旧再建法と同じであるが，アメリカの破産法では債務調整によって再建が行われる点で異なる。債務調整は貸手の責任を問うものであり，債権者より自治体を保護することに重点が置かれている。しかしこの結果，破産した自治体の信用度（格付け）は下がり信用収縮が生じる。そのため再建してもその後の起債は困難となって資金調達コストも高くなる。実際にオレンジ郡のその後の起債は困難となった。わが国でも民間資金のウエイトが高まる中で仮に債務調整が導入されると，財政力の弱い自治体ほど厳しい状況におかれてしまう。債務調整の問題は平成19年1月から「債務調整等に関する調査研究会」で議論されているが導入に当っては慎重を要する。

③　新たな財政再生制度の創設へ

1　夕張破綻の教訓

夕張破綻については，マスコミでも大きく取り上げられ，関係方面で破綻の要因についてさまざま分析が行われてきたところである。そこで指摘された問題点をみると，1つは会計間の連結が行われなかったことである。これまでの再建制度は，普通会計の赤字を指標として破綻を認定してきた。しかし，実際には特別会計の赤字や地方公社や第三セクターの損失補償等は見過ごすことができないほど巨額に上ることもある。夕張市も普通会計は黒字を装いつつ特別会計で巨額の赤字を抱えていた。国の特別会計も随所に"隠した借金"を抱えている。会計間で連結ができないのは，公会計制度が一般会計と特別会計で異

なるためである。各国で公会計改革（発生主義会計・複式簿記化）が実施され会計間の連結や財務書類の整備が行われる中で，わが国は未だ明治期以来の現金主義会計・単式簿記のままである。そのため便宜的にしか連結ができず，また出納整理期間も必要となっている。ここに違法とはいえないまでも不適正な会計操作ができる余地を残してきたということができる。

図表１－８　夕張市平成16年度「決算状況」「歳入の状況」欄

歳入の状況（単位：千円，％）

区　　　　　分	決　算　額	構　成　比
地　　方　　税	973,783	5.0
地　方　譲　与　税	119,061	0.6
利　子　割　交　付　金	8,348	0.0
配　当　割　交　付　金	688	0.0
株式等譲渡所得割交付金	681	0.0
地　方　消　費　税　交　付　金	149,998	0.8
ゴルフ場利用税交付金	－	－
特別地方消費税交付金	－	－
自　動　車　取　得　税　交　付　金	28,383	0.1
軽　油　引　取　税　交　付　金	－	－
地　方　特　例　交　付　金	27,609	0.1
地　方　交　付　税	4,588,349	23.7
普　通　交　付　税	3,266,966	16.9
特　別　交　付　税	1,321,383	6.8
（一　般　財　源　計）	5,896,900	30.5
交通安全対策特別交付金	1,023	0.0
分　担　金　・　負　担　金	90,654	0.5
使　　用　　料	785,469	4.1
手　　数　　料	10,383	0.1
国　庫　支　出　金	1,142,674	5.9
国　有　提　供　交　付　金	－	－
（特別区財政交付金）		
都　道　府　県　支　出　金	251,531	1.3
財　　産　　収　　入	38,796	0.2
寄　　附　　金	1,000	0.0
繰　　入　　金	98,130	0.5
繰　　越　　金	47	0.0
諸　　収　　入	9,973,315	51.5
地　　方　　債	1,059,400	5.5
うち減税補てん債	11,500	0.1
うち臨時財政対策債	370,000	1.9
歳　　入　　合　　計	19,349,322	100.0

（諸収入について）ほとんどが公営事業会計からの貸付金の返済金

出所：総務省ＨＰ。

第1章　再建制度から再生制度へ

　問題点の2つは，議会を含めてチェック機能が全く働かなかったことである。不適正な会計操作で隠してきた巨額の赤字を誰もチェックできなかった。いくら公会計制度が不備であったとしても，標準財政規模の8倍もの借金を監査機関と議会がチェックできなかったことは，住民に対するアカウンタビリティを全く果たしておらず，内部のガバナンスも機能していなかったことになる。

「性質別歳出の状況」欄

区　　　　分	決　算　額	構　成　比
性質別歳出の状況（単位：千円，％）		
人　件　費	2,745,272	14.2
うち職員給	1,772,453	9.2
扶　助　費	1,517,337	7.8
公　債　費	1,976,440	10.2
内訳　元利償還金	1,921,223	9.9
一時借入金利子	55,217	0.3
（義務的経費計）	6,239,049	32.2
物　件　費	1,079,141	5.6
維持補修費	540,812	2.8
補　助　費　等	710,434	3.7
うち一部事務組合負担金	1,279	0.0
繰　出　金	366,275	1.9
積　立　金	11,441	0.1
投資・出資金・貸付金	9,265,775	47.9
前年度繰上充用金	—	—
投資的経費計	1,135,861	5.9
うち人件費	29,955	0.2
内訳　普通建設事業費	1,121,937	5.8
うち　補助	317,350	1.6
単独	804,587	4.2
災害復旧事業費	13,924	0.1
失業対策事業費	—	—
歳　出　合　計	19,343,788	100.0

（投資・出資金・貸付金について）ほとんどが一時借入金による公営事業会計への貸付金

監査がいかに酷かったかを説明しよう。第3章でも解説するが，夕張財政の異常は若干の知識があれば公表されている「決算状況」（決算カード）で容易にキャッチできた。夕張市の平成16年度「決算状況」において，「歳入の状況」欄をみると（図表1－8）諸収入が51.5％，「性質別歳出の状況」欄で投資・出資金・貸付金が47.9％でそれぞれ通常では考えられない項目が構成比のトップを占めている。これは一般会計で借入れた一時借入金を公営事業会計に貸付金として貸付け，出納整理期間を含む会計年度内に一般会計に返済し諸収入に計上されたためである。この操作によって，公営事業会計の赤字決算を偽装したのである。こうした異常値は平成12年度決算頃より始まっており，5年間も異常な財政運営を続けていたのである。これは会計制度の問題ではなく，監査委員をはじめ議会を含めてチェックすべきところが全く責任を果たさなかったことが問題なのである。

　なお，夕張破綻で悪用された一時借入金については，その借入可能限度額は予算に記載されるが実際の借入額は報告義務がなく，決算でも一部を除いて利子分のみが計上されるだけでこれまで実態が把握されなかった。こうした一時的な借金も明らかにするために，総務省は，全自治体に平成18年度決算から月末ごとに借入金残高の報告を義務づけた。今後，一般会計のみならず水道事業など全ての特別会計についても一時借入金の残高を総務省に報告し公表することになった。

　そして問題点の3つは，破綻に至る前に警告を発する制度が何もなかったことである。地方債が協議制となっても，実質公債費比率が一定の比率を超えれば起債が制限される。しかしこれは普通会計のみであって，前述のように地方公社や第三セクター等の借りすぎのチェックはない。いきなりレッドカードを突きつけられることになる。自治体の破綻法制は国際的に例外的であり，国の統制権を強めるという意見もあるが，財政状況を破綻に至る前から"隠した借金"を住民に公表する仕組みを備えておくことは必要である。

　夕張破綻の結果，市民には巨額の借金が残された。平成19年3月から始まる再建計画によると，平成37年までの18年間にわたって353億円の赤字を解消し

なければならない。一般財源がわずか45億円程度であるので、いかに巨額の借金を背負ったかがわかる。

　夕張破綻は地方財政の危機管理が全くなされてないことを浮き彫りにした。今後われわれは、より透明な制度とそれを機能させる住民を含めた自治体のガバナンスをどう構築するのか。これが夕張破綻から突き付けられた課題ではなかろうか。

2　再生法制の創設

　財政再建制度の見直がビジョン懇談会や経済財政諮問会議等で議論されていた最中に夕張破綻が発生したこともあって、総務省は平成18年8月に「新しい地方財政再生制度研究会」（以下、再生制度研究会とする）を設置し、新たな再生制度の法制化に向けて検討をはじめた。新たな再生制度をまとめる過程で、貸手の責任を問う債務調整の問題が議論となったが、今回は先送りし「債務調整等に関する調査研究会」（平成19年1月～）に今後の検討を委ねた。また公会計改革については、「新公会計制度実務研究会報告書」（平成18年5月）を踏まえ今後に整備が進展することを前提として"検討する"にとどめられた。なお第三セクター等の損失補償等の扱いについては、「健全化法に係る損失補償債務等評価基準検討ＷＴ」（平成19年11月～）で検討を行うこととされ、また健全化判断基準の1つである将来負担比率の算定における損失補償等の評価等については「公営企業会計制度に関する実務研究会」のワーキングチームで議論を進めることとなった。

　再生制度研究会は、平成18年12月に報告書をまとめた。報告書では現行の再建制度の課題について、財政情報の開示がないこと、早期に是正する機能がなく結果的に住民に過大な負担を求めかねないこと、赤字が普通会計のみを指標としていること、さらに公営企業についても問題点を指摘し、透明なルールに基づく早期の是正スキームと破綻段階の再生スキームの2段階の新たな制度を提言した。

　総務省はこの提言を受け、新たな再生法制の検討を進めてきた結果、平成19

年6月に「地方公共団体の財政の健全化に関する法律」(以下，健全化法とする)の成立に至った。健全化法は平成21年4月に施行されるが健全化判断比率の公表等一部は平成20年4月から施行されており，新たな再生制度がスタートした。健全化法では4つの健全化判断比率として，①実質赤字比率，②連結実質赤字比率，③実質公債費比率，④将来負担比率，それに公営企業の資金不足比率が法定され，これらを毎年度公表することが義務づけられた。またこれらの比率は，早期是正スキームの早期健全化基準と再生スキームの財政再生基準の値が平成19年12月28日に政令として定められ，平成20年度決算から基準値以上となった自治体は，所定の手続きをへて財政健全化へ向けた計画の策定が義務づけられたのである。

図表1-9　健全化法の成立に至る経緯

平成18年2月	「地方分権改革ビジョン懇談会」の発足： ―新たな再生法制の議論開始 （6月夕張市の破綻表明）
同年7月	同懇談会の報告書公表 経済財政諮問会議「基本方針2006」の公表：
同年8月	「新たな地方再生制度研究会」発足
同年12月	同研究会報告書の公表 （平成19年3月夕張市再建団体指定）
平成19年6月	「地方公共団体の財政健全化に関する法律」公布
12月	早期健全化基準・財政再生基準の制定
平成20年4月	健全化法の一部施行 ―平成19年度決算から指標の公表義務づけ
平成21年4月	健全化法の施行 ―平成20年度決算から健全化法の適用

第2章 健全化法の制度と自治体財政

1 健全化法の解説

1 健全化法の概要

　自治体の財政再建制度の見直しは実に50年ぶりである。平成19年6月に公布された「地方公共団体の財政の健全化に関する法律」（以下，健全化法とする）は，これまでの地方財政再建促進特別措置法（以下，旧再建法）に代わり新たな自治体の財政再生制度として平成21年4月から施行されることになった（一部は平成20年4月から施行されており，平成19年度決算に係る健全化判断比率の公表が義務づけられている）。

　健全化法が旧再建法と異なる点は，①自主再建の選択はないこと，②全ての自治体を対象としていること，③破綻の前に「早期健全化」の段階を設け2段階で健全化に取組むこと，④監査委員と議会にも責任を求めたこと，⑤健全化の財政指標（健全化判断比率）を法定したこと，などがあげられ，健全化法は単に破綻のための法律ではなく，常時にわたって財政の健全化を促すことも意図したものである。

　健全化法の特徴は，1つは全ての自治体に健全化判断比率を毎年度に監査委員の審査に付した上で議会に報告し公表することを義務づけたことであり，もう1つは新たに破綻の前に「早期健全化」段階を設け，破綻となる「財政再生」

段階とともに2つの段階で健全化と再生を図るスキームを導入したことである。ここで健全化判断比率のいずれかが政令で定めた早期健全化基準（自主的な財政健全化が必要な段階）ないし財政再生基準（自主的な財政健全化が困難な段階）を上回ると，財政健全化計画ないし財政再生計画を議会の議決をへて策定し公表するとともに，知事・総務大臣に報告することを自治体に求めている。また財政再生段階では総務大臣の許可をえると，赤字分を赤字地方債（再生振替特例債）に振替えることが認められる。さらに公営企業についても「経営の健全化」段階を設け，公営企業ごとに資金不足比率を求めこれが経営健全化基準（自主的な財政健全化が必要な段階）以上になると，経営健全化計画の策定が義務づけられる。

　以上のように，健全化法は，全ての自治体が法定されたルールで明確な基準により2段階で早期に健全化を図っていくことを目指したもので，これにより，つねに行政と議会それに住民がそれぞれ財政をチェックし破綻を未然に防ぐことを期待している。

　つぎに，健全化法の概要について「地方公共団体の財政の健全化に関する法律の概要」（総務省，平成19年6月）よりみよう。

① 健全化判断比率の公表等

　　地方公共団体（都道府県，市区町村）は，毎年度，健全化判断比率（①実質赤字比率，②連結実質赤字比率（全会計の実質赤字等の標準財政規模に対する比率），③実質公債費比率，④将来負担比率（公営企業，出資法人等を含めた普通会計の実質負債の標準財政規模に対する比率））を監査委員の審査に付した上で，議会に報告し，公表しなければならない。

② 財政の早期健全化

・財政健全化計画：健全化判断比率のうちいずれかが早期健全化基準以上の場合には，財政健全化計画を定めなければならない。
・財政健全化計画の策定手続等：財政健全化計画は議会の議決を経て定め，速やかに公表するとともに，総務大臣・都道府県知事への報告，全国的な状況の公表等の規定を設ける。また，毎年度，その実施状況を議会に

報告し公表する。

・国等の勧告等：財政健全化計画の実施状況を踏まえ，財政の早期健全化が著しく困難であると認められるときは，総務大臣または都道府県知事は必要な勧告をすることができる。

③ 財政の再生

・財政再生計画：再生判断比率（①実質赤字比率，②連結実質赤字比率，③実質公債費比率）のいずれかが財政再生基準以上の場合には，財政再生計画を定めなければならない。

・財政再生計画の策定手続き，国の同意等：財政再生計画は議会の議決を経て定め，速やかに公表する。また総務大臣に協議しその同意を求めることができる。財政再生計画を定めている地方自治体（財政再生団体）は，毎年度その実施状況を議会に報告し公表する。

・地方債の起債の制限：再生判断比率のうちいずれかが財政再生基準以上である地方自治体は，財政再生計画に総務大臣の同意をえている場合でなければ災害復旧事業等を除き，地方債の起債ができない。

・地方財政法第5条（地方債の制限）の特例：財政再生計画に同意をえた財政再生団体は，収支不足額を振り替えるため，地方財政法第5条の規定にかかわらず総務大臣の許可を受けて償還年限が財政再生計画の計画期間内である地方債（再生振替特例債）を起こすことができる。

・国の勧告，配慮等：財政再生団体の財政の運営が計画に適合しないと認められる場合等においては，総務大臣は予算の変更等必要な措置を勧告できる。再生振替特例債の資金に対する配慮等，財政再生計画の円滑な実施について国または他の地方自治体は適切は配慮を行う。

④ 公営企業の経営の健全化

公営企業を経営する地方自治体は，毎年度，公営企業ごとに資金不足比率を監査委員の審査に付した上で議会に報告し公表する。これが経営健全化基準以上となった場合には，経営健全化計画を定めなければならず，財政の健全化と同じ仕組みを設ける。

⑤ そ の 他
・外部監査：地方自治体の長は，健全化判断比率のうちいずれかが早期健全化基準以上となった場合等には，個別外部監査契約に基づく監査を求めなければならない。
・施行期日等：健全化判断比率の公表は，公布後 1 年以内から，他の義務づけ策定については地方自治体の予算編成機会の付与等の観点から，平成20年度決算に基づく措置から適用する。国等に対する寄付を当分の間原則として禁止する現行再建法の規定を引続き設ける。

図表 2 − 1　健全化法の仕組み

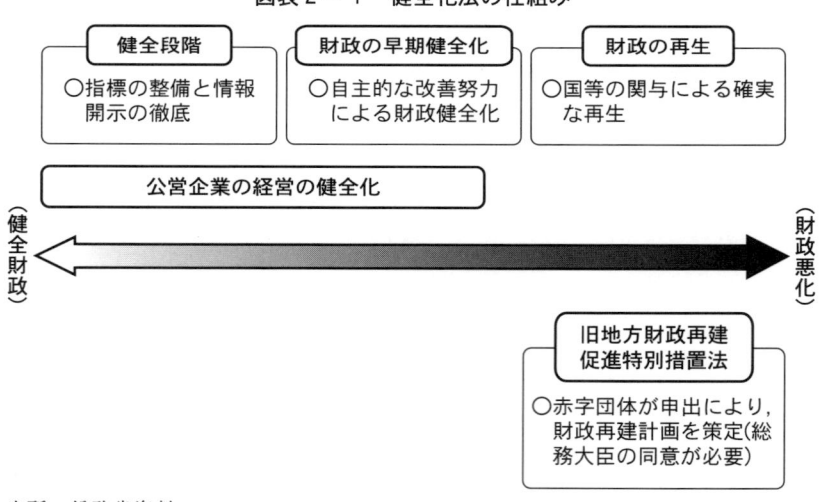

出所：総務省資料。

2　健全化法の法律要綱

健全化法は，平成19年 6 月22日法律94号として成立した。本法は第 1 章「総則」（第 1 条〜第 3 条），第 2 章「財政の早期健全化」（第 4 条〜第 7 条），第 3 章「財政の再生」（第 8 条〜第21条），第 4 章「公営企業の経営の健全化」，（第22条〜第24条）第 5 章「雑則」（第25条〜第29条），これに附則からなる。また健全化判断比率は，政令として平成19年12月28日に制定されている。

第 2 章　健全化法の制度と自治体財政

　健全化法はその目的を第 1 条に「財政の健全性に関する比率の公表の制度を設け，財政の早期健全化及び財政の再生並びに公営企業の健全化を図るための計画を作成する制度を定める」と述べているように，健全性に関する比率と早期健全化および再生の計画を策定するための法律である。健全化法の内容について以下の法律要綱を参照しながら全体をみよう。

　第 1 章「総則」では，地方自治体（都道府県，市町村および特別区）は毎年度，健全化判断比率を監査委員の審査に付した上で議会に報告し，住民に公表することを義務づけている。健全化判断比率とは，①実質赤字比率，②連結実質赤字比率，③実質公債費比率，④将来負担比率の 4 つである。

第 1 章　総則（第 1 条〜第 3 条）
1　目　的
　　この法律は，地方公共団体の財政の健全性に関する比率の公表の制度を設け，当該比率に応じて，地方公共団体が財政の早期健全化及び財政の再生並びに公営企業の経営の健全化を図るための計画を策定する制度を定めるとともに，当該計画の実施の促進を図るための行財政上の措置を講ずることにより，地方公共団体の財政の健全化に資することを目的とすること。（第 1 条関係）
2　健全化判断比率の公表等
(1)　地方公共団体の長は，毎年度，前年度の決算の提出を受けた後，速やかに，実質赤字比率，連結実質赤字比率，実質公債費比率及び将来負担比率（以下「健全化判断比率」という）並びにその算定の基礎となる事項を記載した書類を監査委員の審査に付し，その意見を付けて当該健全化判断比率を議会に報告し，かつ，当該健全化判断比率を公表しなければならないこと。（第 3 条第 1 項関係）
(2)　地方公共団体の長は，公表した健全化判断比率を，速やかに，総務大臣又は都道府県知事に報告しなければならないこと。（第 3 条第 3 項関係）
(3)　総務大臣及び都道府県知事は，毎年度，健全化判断比率に係る報告を取

> りまとめ，その概要を公表するものとすること。（第3条第4項及び第5項関係）
> (4) 包括外部監査対象団体においては，包括外部監査人は，監査のため必要があると認めるときは，健全化判断比率及びその算定の基礎となる事項を記載した書類について調査することができるものとすること。（第3条第7項関係）

つづく第2章「財政の早期健全化」では，健全化の段階を定めている。政令で定める4つの健全化判断比率のうちいずれかが早期健全化基準以上の場合には，財政健全化計画を議会の議決をへて公表するとともに，総務大臣又は都道府県知事へ報告することを定めている。また国は財政健全化計画の実施状況を踏まえ，財政の早期健全化が著しく困難であると認められるときは，総務大臣又は都道府県知事は必要な勧告をすることができると定めている。

> 第2章　財政の早期健全化（第4条～第7条）
> 1　財政健全化計画
> (1) 地方公共団体は，健全化判断比率のいずれかが早期健全化基準以上である場合には，当該健全化判断比率を公表した年度の末日までに，財政健全化計画を定めなければならないこと。（第4条第1項関係）
> (2) 財政健全化計画は，財政の状況が悪化した要因の分析の結果を踏まえ，財政の早期健全化を図るため必要な最小限度の期間内に，実質赤字額がある場合にあっては一般会計等における歳入と歳出との均衡を実質的に回復することを，連結実質赤字比率，実質公債費比率又は将来負担比率が早期健全化基準以上である場合にあってはそれぞれの比率を早期健全化基準未満とすることを目標として，定めるものとすること。（第4条第2項関係）
> 2　財政健全化計画の策定手続等
> (1) 財政健全化計画は，地方公共団体の長が作成し，議会の議決を経て定めなければならないこと。（第5条第1項関係）
> (2) 地方公共団体は，財政健全化計画を定めたときは，速やかに，これを公

表するとともに，総務大臣又は都道府県知事に報告しなければならないこと。（第5条第2項関係）
(3) 総務大臣及び都道府県知事は，毎年度，財政健全化計画に係る報告を取りまとめ，その概要を公表するものとすること。（第5条第4項及び第5項関係）
3 財政健全化計画の実施状況の報告等
(1) 財政健全化団体の長は，毎年9月30日までに，前年度における決算との関係を明らかにした財政健全化計画の実施状況を議会に報告し，かつ，これを公表するとともに，総務大臣又は都道府県知事に報告しなければならないこと。（第6条第1項関係）
(2) 総務大臣及び都道府県知事は，毎年度，財政健全化計画の実施状況に係る報告を取りまとめ，その概要を公表するものとすること。（第6条第2項及び第3項関係）
4 国等の勧告等
(1) 総務大臣又は都道府県知事は，財政健全化団体の財政健全化計画の実施状況を踏まえ，当該財政健全化団体の財政の早期健全化が著しく困難であると認められるときは，当該財政健全化団体の長に対し，必要な勧告をすることができるものとすること。（第7条第1項関係）
(2) 財政健全化団体の長は，勧告を受けたときは，速やかに，当該勧告の内容を当該財政健全化団体の議会に報告するとともに，監査委員（包括外部監査対象団体である財政健全化団体にあっては，監査委員及び包括外部監査人）に通知しなければならないこと。（第7条第4項関係）

そして第3章「財政の再生」では，再生の段階を定めている。健全化判断比率のうち将来負担比率を除くいずれかの比率が再生判断比率以上の場合には，財政再生計画を定めなければならない。財政再生計画は健全化計画と同様に，議会の議決を経て住民に公表する。また総務大臣に協議し，その同意を求めることができる。また財政再生団体となった自治体は，起債制限を受ける。なお地方財政法第5条（地方債の制限）の特例として，財政再生計画に同意をえた財

政再生団体は，収支不足額を振り替えるため総務大臣の許可を受けて，償還年限が財政再生計画の計画期間内である地方債（再生振替特例債）を起こすことができる。また国の勧告・配慮等として，財政再生団体の財政の運営が計画に適合しないと認められる場合等には，総務大臣は予算の変更等必要な措置を勧告できる。再生振替特例債の資金に対する配慮等，財政再生計画の円滑な実施について国及び他の地方公共団体は適切な配慮を行う。

第3章　財政の再生（第8条〜第21条）
1　財政再生計画
 (1)　地方公共団体は，実質赤字比率，連結実質赤字比率及び実質公債費比率（以下「再生判断比率」という）のいずれかが財政再生基準以上である場合には，当該再生判断比率を公表した年度の末日までに，財政再生計画を定めなければならないこと。（第8条第1項関係）
 (2)　財政再生計画は，財政の状況が著しく悪化した要因の分析の結果を踏まえ，財政の再生を図るため必要な最小限度の期間内に，実質赤字額がある場合にあっては一般会計等における歳入と歳出との均衡を実質的に回復することを，連結実質赤字比率，実質公債費比率又は将来負担比率が早期健全化基準以上である場合にあってはそれぞれの比率を早期健全化基準未満とすることを，再生振替特例債を起こす場合にあっては当該再生振替特例債の償還を完了することを目標として，定めるものとすること。（第8条第3項関係）
2　財政再生計画の策定手続等
 (1)　財政再生計画は，地方公共団体の長が作成し，議会の議決を経て定めなければならないこと。また，地方公共団体は，財政再生計画を定めたときは，速やかに，これを公表するとともに，総務大臣に報告しなければならないこと。（第9条第1項及び第2項関係）
 (2)　財政再生団体の長は，財政再生計画に基づいて予算を調製しなければならないこと。（第9条第4項関係）
3　財政再生計画の同意
　　地方公共団体は，財政再生計画について，議会の議決を経て，総務大臣に

協議し，その同意を求めることができるものとすること。(第10条第1項関係)
4 地方債の起債の制限
　地方公共団体は，再生判断比率のいずれかが財政再生基準以上であり，かつ，総務大臣の同意を得ていないときは，災害復旧事業費の財源とする場合等を除き，地方債をもってその歳出の財源とすることができないものとすること。(第11条関係)
5 再生振替特例債
(1) 財政再生団体は，その財政再生計画につき総務大臣の同意を得ている場合に限り，収支不足額を地方債に振り替えることによって，当該収支不足額を財政再生計画の計画期間内に計画的に解消するため，当該収支不足額の範囲内で，地方債を起こすことができるものとする。また，再生振替特例債は，財政再生計画の計画期間内に償還しなければならないこと。(第12条第1項及び第2項関係)
(2) 国は，再生振替特例債については，法令の範囲内において，資金事情の許す限り，適切な配慮をするものとすること。(第12条第3項関係)
6 地方債の起債の許可
　財政再生団体及び財政再生計画を定めていない地方公共団体であって再生判断比率のいずれかが財政再生基準以上である地方公共団体は，地方債を起こし，又は起債の方法，利率若しくは償還の方法を変更しようとする場合は，政令で定めるところにより，総務大臣の許可を受けなければならないこと。(第13条関係)
7 財政再生団体に係る通知等
(1) 総務大臣は，財政再生計画の報告を受けたときは，速やかに，当該財政再生計画を定めた地方公共団体の名称を各省各庁の長に通知しなければならないこと。(第14条第1項関係)
(2) 各省各庁の長は，土木事業その他の政令で定める事業を財政再生団体に負担金を課して国が直轄で行おうとするときは，当該事業の実施に着手する前に，あらかじめ，当該事業に係る経費の総額及び当該財政再生団体の負担額を総務大臣に通知しなければならないこと。(第14条第2項関係)
(3) 総務大臣は，通知を受けた場合において当該通知に係る事項が財政再生

計画に与える影響を勘案して必要と認めるときは、各省各庁の長に対し、意見を述べることができるものとすること。（第14条第3項関係）
8　財政再生計画についての公表
　　総務大臣は、毎年度、報告を受けた財政再生計画の内容及び同意に係る協議の結果を公表するものとすること。（第15条関係）
9　事務局等の組織の簡素化
　　財政再生団体は、財政再生計画で定めるところにより、当該財政再生団体の長の補助機関である職員を、当該財政再生団体の議会若しくは委員会等の事務を補助する職員と兼ねさせ、若しくはその事務を補助する職員に充て、又はその事務に従事させることができるものとすること。（第16条関係）
10　長と議会との関係
　　地方公共団体の議会が財政再生計画の策定又は変更に関する議案を否決したとき等には、当該地方公共団体の長は、それぞれ当該議決があった日から起算して10日以内に、理由を示してこれを再議に付することができるものとすること。（第17条関係）
11　財政再生計画の実施状況の報告等
　(1)　財政再生団体の長は、毎年9月30日までに、前年度における決算との関係を明らかにした財政再生計画の実施状況を議会に報告し、かつ、これを公表するとともに、総務大臣に当該財政再生計画の実施状況を報告しなければならないこと。（第18条第1項関係）
　(2)　総務大臣は、毎年度、財政再生計画の実施状況に係る報告を取りまとめ、その概要を公表するものとすること。（第18条第2項関係）
12　財政再生計画の実施状況の調査等
　　総務大臣は、必要に応じ、財政再生計画の実施状況について調査し、又は報告を求めることができるものとすること。（第19条関係）
13　国の勧告等
　(1)　総務大臣は、財政再生団体の財政の運営がその財政再生計画に適合しないと認められる場合その他財政再生団体の財政の再生が困難であると認められる場合においては、当該財政再生団体の長に対し、予算の変更、財政再生計画の変更その他必要な措置を講ずることを勧告することができるも

のとすること。(第20条第1項関係)
(2) 財政再生団体の長は，勧告を受けたときは，速やかに，当該勧告の内容を当該財政再生団体の議会に報告するとともに，監査委員（包括外部監査対象団体である財政再生団体にあっては，監査委員及び包括外部監査人）に通知しなければならないこと。(第20条第2項関係)
(3) 勧告を受けた財政再生団体の長は，当該勧告に基づいて講じた措置について，総務大臣に報告しなければならないこと。(第20条第3項関係)
14 国及び他の地方公共団体の配慮
国及び他の地方公共団体は，財政再生団体が財政再生計画を円滑に実施することができるよう配慮するものとすること。(第21条関係)

第4章は，公営企業の健全化を定めている。公営企業の場合には毎年度，各公営企業ごとに資金不足比率を監査委員の審査に付した上で議会に報告し，公表することになった。この比率が経営健全化基準以上となった場合には，経営健全化計画を定めなければならない。

第4章 公営企業の経営の健全化（第22条～第24条）
1 資金不足比率の公表等
公営企業を経営する地方公共団体の長は，毎年度，当該公営企業の前年度の決算の提出を受けた後，速やかに，資金不足比率及びその算定の基礎となる事項を記載した書類を監査委員の審査に付し，その意見を付して当該資金不足比率を議会に報告し，かつ，当該資金不足比率を公表しなければならないこと。(第22条第1項関係)
2 経営健全化計画
(1) 地方公共団体は，公営企業の資金不足比率が経営健全化基準以上である場合には，当該公営企業について，当該資金不足比率を公表した年度の末日までに，経営健全化計画を定めなければならないこと。(第23条第1項関係)
(2) 経営健全化計画は，当該公営企業の経営の状況が悪化した要因の分析の

> 結果を踏まえ，当該公営企業の経営の健全化を図るため必要な最小限度の期間内に，資金不足比率が経営健全化基準未満とすることを目標として，定めるものとすること。（第23条第2項関係）

　第5章は雑則である。ここでは，健全化計画ないし再生計画を定めるにあたって外部監査を義務づけている。

> 第5章　雑則（第25条～第29条）
> 1　財政健全化計画又は財政再生計画と経営健全化計画との調整
> 　　地方公共団体は，財政健全化計画又は財政再生計画と経営健全化計画との整合性の確保を図らなければならないこと。（第25条関係）
> 2　地方自治法の監査の特例
> 　　財政健全化計画，財政再生計画又は経営健全化計画を定めなければならない地方公共団体の長は，これらの計画を定めるに当たっては，あらかじめ，当該地方公共団体の財政の健全化のために改善が必要と認められる事務の執行について，監査委員に対し，地方自治法第199条第6項の監査の要求をしなければならないこと。この場合において，地方自治法上の外部監査の規定について必要な読替を行うものとすること。（第26条第1項関係）
> 3　財政の早期健全化等が完了した団体の報告等
> 　　財政健全化計画による財政の早期健全化等が完了した地方公共団体の長は，当該財政の早期健全化等が完了した年度の翌年度の9月30日までに，完了報告書を添えて，当該財政の早期健全化等が完了した旨を議会に報告し，かつ，完了報告書を公表するとともに，総務大臣又は都道府県知事に，当該完了報告書を添えて当該財政の早期健全化等が完了した旨を報告しなければならないこと。（第27条関係）

　最後の6章は，旧再建法の廃止と健全化法の施行期日等を定めている。健全化判断比率の公表は法の公布後1年以内，他の義務付け規定については地方自治体の予算編成機会の付与等の観点から平成20年度決算に基づく措置から適用

される。また国等に対する寄附が当分の間原則禁止される。

> 第6章　施行期日等
> 1　施行期日
> 　　この法律は，平成21年4月1日から施行するものとすること。ただし，第1の2及び第4の1に関する規定は，公布の日から起算して1年を超えない範囲内において政令で定める日から施行するものとすること。(附則第1条関係)
> 2　地方財政再建促進特別措置法は，廃止すること。(附則第3条関係)
> 3　地方公共団体は，当分の間，国，政令で定める独立行政法人若しくは国立大学法人等又は会社等に対し，寄附金等（やむを得ないと認められる政令で定める場合における寄附金等で，あらかじめ，総務大臣に協議し，その同意を得たものを除く）を支出してはならないこと。(附則第5条関係)
> 4　その他所要の経過措置を規定するものとすること。
> 5　関係法律について所要の改正を行うこと。

② 健全化法の運用

1　健全化法の財政指標と早期健全化基準・財政再生基準・経営健全化基準

　健全化法第2条に財政の健全化に関する財政指標として，①実質赤字比率，②連結実質赤字比率，③実質公債費比率，④将来負担比率の4つの健全化判断比率が，また同法第22条には公営企業の経営に関する財政指標として資金不足比率が定められて，それぞれ所定の手続きを経て公表することが義務づけられた。これらの財政指標については，「新しい地方財政再生制度研究会報告書」において，自治体全体の財政運営上の問題を把握しその責任を明確化するという観点と，第三セクター等を含めて潜在的なリスクも捉え中長期的な財政運営の健全化を図る観点から，透明かつ明確なルールで計算されるストックとフ

ローの指標を用いるべきとされたことから，従来の財政指標である実質収支比率と実質公債費比率に加えて，普通会計に公営事業会計を加えた全会計の赤字を捉えたフローの指標である連結赤字比率と，全会計に一部事務組合・広域連合，地方公社，地方独立行政法人および第三セクター等の外郭団体を含めて将来発生しうる支払義務を捉えたストックの指標である将来負担比率を設けて，4つの健全化判断比率として法律により定めたのである。また公営企業の資金不足比率は，公営企業法の不良債務（法非適用事業の実質赤字）をもとに定めた指標である。

4つの健全化判断比率と資金不足比率の詳細は後述するが，これらの比率の対象とする会計等をみたのが図表2－2である。①実質赤字比率は，一般会計等（普通会計とほぼ同じ。図表3－1参照）の実質的な収支差額を標準財政規模で割った値であり，赤字額（資金不足額）の場合のみ比率が示される。②連結実質赤字比率は，一般会計等に公営事業会計を加えた全会計の実質的な収支差額を標準財政規模で割った値であり，自治体全体で解消すべき赤字額の割合である。③実質公債費比率は，地方債の事前協議制度移行にともない平成17年度決算から用いられている指標であり，公営事業会計も含めた全会計について一般会計等で負担すべき公債費を標準財政規模で割った値である。④将来負担比率は，全会計に一部事務組合・広域連合，地方公社，地方独立行政法人，第三セクター等を含め一般会計等で将来負担すべき実質的な負債の標準財政規模に対する割合である。なお，それぞれ比率を標準財政規模（地方税，地方譲与税，普通交付税等。ただしここでは，臨時財政対策債発行可能額が含められる）の割合で求めているのは，それが一般財源の標準的な財政規模であり，健全化を行う場合に投入が可能な財源だからである。

全ての自治体は，平成19年度決算から，4つの健全化判断比率と資金不足比率ならびにその算定の基礎となった事項を記載した書類を監査委員の審査に付し，その意見を付けて議会に報告し，ただちに公表することが義務づけられた。その際，上記の健全化判断比率の①から④のうちいずれかが早期健全化基準（図表2－7）を上回ると，早期健全化団体となり早期健全化計画を策定しなければ

第2章 健全化法の制度と自治体財政

図表2－2　健全化判断比率・資金不足比率の対象とする会計等
　　　　　財政指標の対象会計範囲のイメージ

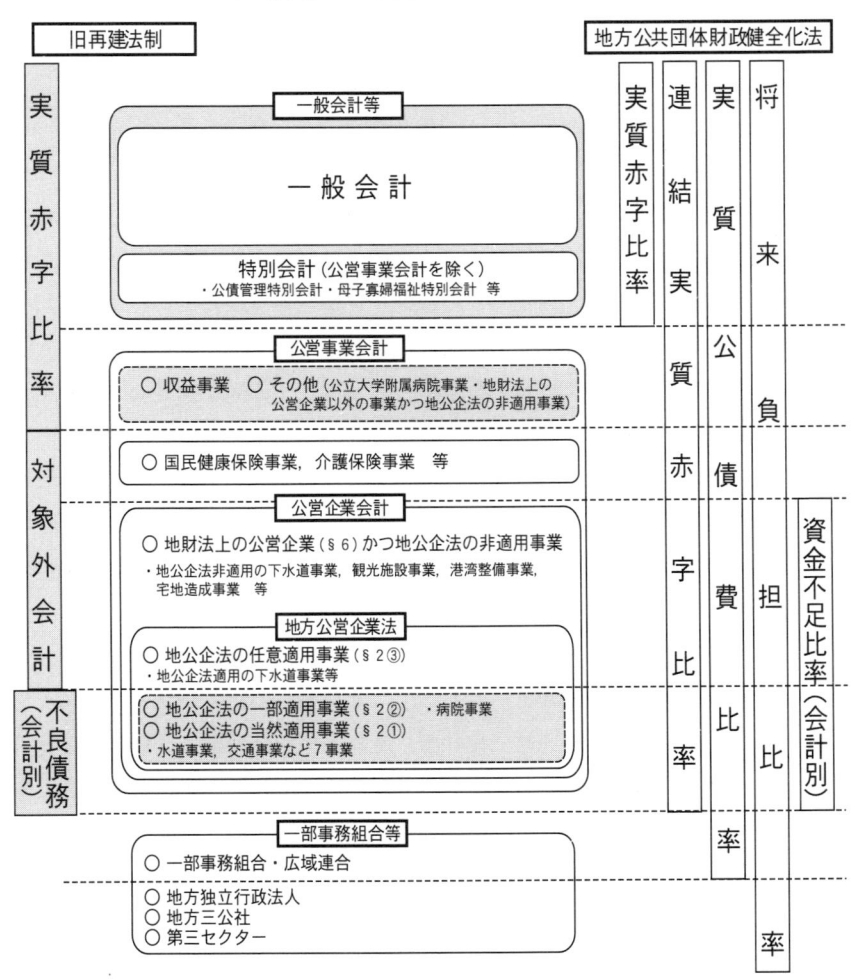

旧再建法制	対象会計	地方公共団体財政健全化法
実質赤字比率	**一般会計等** 　一般会計 　特別会計（公営事業会計を除く） 　・公債管理特別会計・母子寡婦福祉特別会計　等	実質赤字比率／連結実質赤字比率／実質公債費比率／将来負担比率
対象外会計	**公営事業会計** 　○ 収益事業　○ その他（公立大学附属病院事業・地財法上の公営企業以外の事業かつ地公企法の非適用事業） 　○ 国民健康保険事業，介護保険事業　等 **公営企業会計** 　○ 地財法上の公営企業（§6）かつ地公企法の非適用事業 　・地公企法非適用の下水道事業，観光施設事業，港湾整備事業，宅地造成事業　等 **地方公営企業法** 　○ 地公企法の任意適用事業（§2③） 　・地公企法適用の下水道事業等	
不良債務（会計別）	○ 地公企法の一部適用事業（§2②）・病院事業 ○ 地公企法の当然適用事業（§2①） ・水道事業，交通事業など7事業	資金不足比率（会計別）
	一部事務組合等 　○ 一部事務組合・広域連合 　○ 地方独立行政法人 　○ 地方三公社 　○ 第三セクター	

出所：総務省資料。

ならない。また④（将来負担比率）を除いたいずれかが財政再生基準（図表2－7）を上回ると，財政再生団体となり，財政再生計画を策定することになる。さらに公営企業ごとに算定される資金不足比率が経営健全化基準（図表2－7）を上回ると，経営健全化団体となり，公営企業ごとに経営健全化計画を策定する。それぞれの計画は，年度末までに議会の議決をへて定めることが義務づけられている。

　早期健全化基準，財政再生基準および経営健全化基準が意味するところは，早期健全化基準は，財政指標からみて自主的な財政健全化が必要となった段階であり，財政再生基準は，自主的な財政健全化が困難な段階であって破綻に相当する。また経営健全化基準は，早期健全化基準と同じく自主的な健全化が必要となった段階を意味している。各基準の数値は，平成19年12月28日に制定された政令（地方公共団体の財政の健全化に関する法律施行令）において図表2－7のとおりに定められたが，その決定にあたっては，地方債が協議制から許可制へ移行される水準や地方財政の現状等を考慮して決められている。したがって健全化判断比率が早期健全化基準，または資金不足比率が経営健全化基準のいずれかを上回った自治体は起債については許可制となる。

　ここで各健全化判断比率の早期健全化基準を α％，財政再生基準を β％，資金不足比率の経営健全化基準を γ％として，それぞれの比率が α％，β％，γ％以上となった場合に，早期健全化計画，財政再生計画および経営健全化計画においてそれぞれの比率の引下げるべき目標値を示したのが図表2－3である。①の実質赤字比率は，収支均衡が財政運営の原則であるので，いずれも均衡（0％）することが求められている。②～④については，早期健全化段階と財政再生段階ともに α％以下となることが求められるが，財政再生基準に将来負担比率が除かれているのは，この比率が潜在的負担のリスクは示しているものの，現状の財政運営が直ちに困難になることまでは示していないなどの理由からである。資金不足比率も早期健全化段階である γ％以下となることが求められる。公営企業で財政再生段階が設けられていないのは，公営企業の赤字が膨らむと②の連結実質赤字比率において再生の措置が講じられるからである。

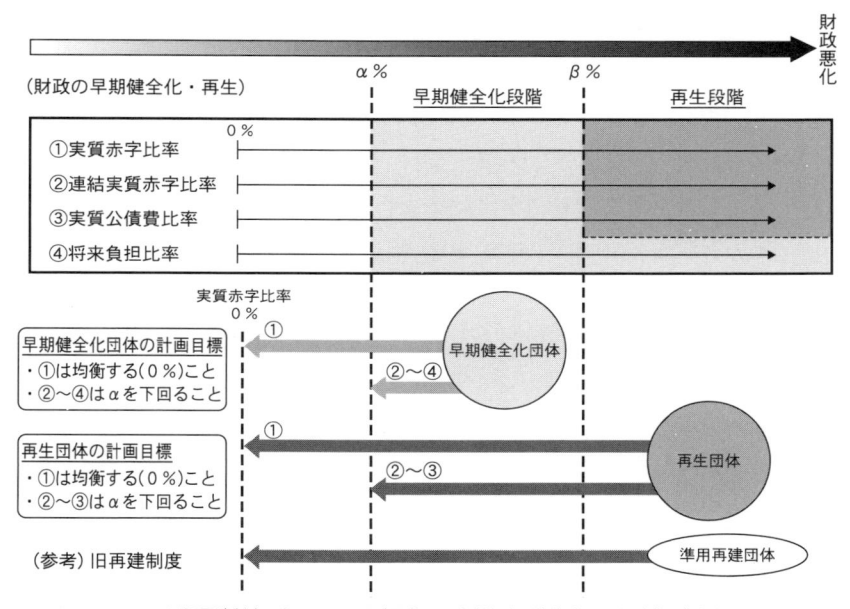

第 2 章　健全化法の制度と自治体財政

図表 2 − 3　財政の早期健全化・財政の再生の経営健全化のイメージ

※旧再建制度においては，再建団体は，実質収支が均衡することが求められた。

出所：総務省資料。

2　健全化判断比率と経営健全化比率の内容

つぎに，4 つの健全化判断比率と資金不足比率の算定方法を「健全化判断比率等の概要について」（総務省）をもとに，また早期健全化基準，財政再生基準および経営健全化基準を平成19年12月 7 日に公表された「地方公共団体財政健全化法における早期健全化基準等について」（総務省）から，それぞれの比率を以下に示そう。

1　実質赤字比率

一般会計等を対象とした実質赤字の標準財政規模に対する割合である。一般会計等は普通会計とほぼ同じであり，ここの実質赤字は決算カードの実質赤字額と一致する。

39

$$\text{実質赤字比率} = \frac{\text{一般会計等の実質赤字額}}{\text{標準財政規模}}$$

[趣旨] 一般会計等を対象とした実質赤字の標準財政規模に対する比率

1 **一般会計等**＝一般会計及び特別会計のうち次の①～③以外のもの
   ① 地方公営企業法（昭和27年法律第292号）第2条の適用企業に係る特別会計
   ② 地方財政法（昭和23年法律第109号）第6条の公営企業に係る特別会計のうち，①以外のもの
   ③ 上記①及び②に掲げるもののほか，国民健康保険事業，介護保険事業，後期高齢者医療事業，老人保健医療事業（平成23年3月31日まで），農業共済事業，介護サービス事業，駐車場事業，交通災害共済事業，公営競技に関する事業，公立の大学又は大学の医学部若しくは歯学部に附属する病院に関する事業及び有料道路事業に係る特別会計

2 **実質赤字額**＝繰上充用額＋（支払繰延額＋事業繰越額）
   ⎰ 繰上充用額＝歳入不足のため，翌年度歳入を繰り上げて充用した額
   ⎮   ＝形式赤字＋（継続費の逓次繰越額＋繰越明許費繰越額＋事故繰越額－未収入特定財源）
   ⎮ 支払繰延額＝実質上歳入不足のため，支払を翌年度に繰り延べた額
   ⎱ 事業繰越額＝実質上歳入不足のため，事業を繰り越した額

3 **標準財政規模**＝地方財政法第5条の4第1項第2号に規定する標準的な規模の収入の額として政令で定めるところにより算定した額
（地方財政法施行令（昭和23年政令第267号）附則第12条第2項の規定により臨時財政対策債発行可能額を含む）

第2章　健全化法の制度と自治体財政

	早期健全化基準	財政再生基準
道　府　県	3.75%	5%
東　京　都	5%程度	8%程度
市　区　町　村	11.25%〜15%	20%

注：市区町村の早期健全化基準の算定式は図表2－8参照。

実質赤字比率に係る市町村の早期健全化基準と財政再生基準のイメージ

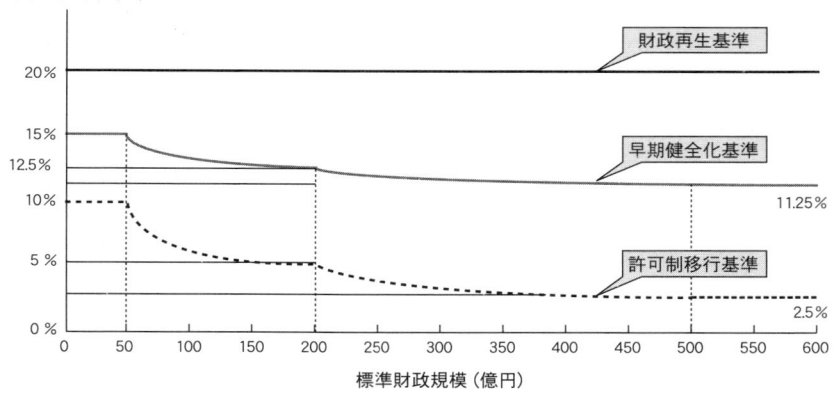

出所：総務省資料。

早期健全化基準は，現行の地方債協議・許可制度で許可移行基準（市区町村2.5%〜10%，都道府県2.5%）と財政再生基準の中間値をとり，市区町村は標準財政規模に応じて11.25%〜15%，道府県は3.75%（80分の3），東京都は5%程度である（健全化法施行令第7条第1号）。

財政再生基準は，財政規律を確保することから事実上の規範として定着している旧再建法の起債制限基準をもとにして，市区町村は20%（5分の1），都道府県は5%（20分の1）である。

2　連結実質赤字比率

全会計を対象とした実質赤字（資金不足額）の標準財政規模に対する比率である。公営企業会計では資金の剰余額から不足額を控除した額がマイナスであれ

ば資金不足額の赤字であり，これに公営企業会計以外の会計の実質赤字額を加えたものが連結実質赤字額となる。公営企業の赤字も連結して指標としたのは，最終的には一般会計で負担しなければならないためである。

$$連結実質赤字比率 = \frac{連結実質赤字額}{標準財政規模}$$

[趣旨] 全会計を対象とした実質赤字(又は資金の不足額)の標準財政規模に対する比率

1 **連結実質赤字額** ＝次の①及び②の合計額が③及び④の合計額を超える場合の当該超える額

① 一般会計及び公営企業（地方公営企業法適用企業・非適用企業）以外の特別会計のうち実質赤字を生じた会計の実質赤字の合計額

② 公営企業の特別会計のうち，資金の不足額を生じた会計の資金の不足額の合計額

③ 一般会計及び公営企業会計以外の特別会計のうち，実質黒字を生じた会計の実質黒字の合計額

④ 公営企業の特別会計のうち，資金の剰余額を生じた会計の資金の剰余額の合計額

※ 法適用企業の資金の不足額及び資金の剰余額の算定に当たっては，一般会計等と法適用企業に係る特別会計との会計方式の違いにより生じる負債又は資産の計上額の重複を防ぐために，一定の負債又は資産の額を，控除することとしている。

2 **実質黒字額** ＝歳入（繰上充用額，支払繰延額及び事業繰越額を除く）が歳出を超える場合の当該超える額

第2章　健全化法の制度と自治体財政

	早期健全化基準	財政再生基準*
道　府　県	8.75%	15%
東　京　都	10%程度	18%程度
市　区　町　村	16.25%〜20%	30%

＊　平成20・21年度は10%，平成22年度は5%をそれぞれ加算した値

実質赤字比率に係る市町村の早期健全化基準と財政再生基準のイメージ

連結実質赤字比率（％）

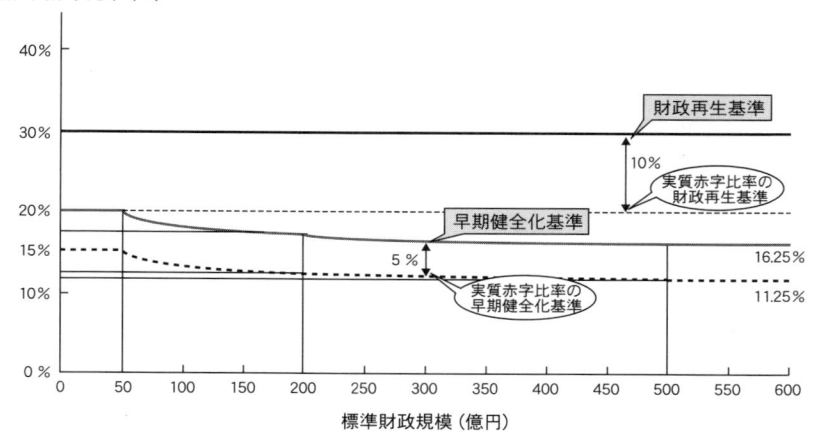

[図：標準財政規模（億円）を横軸、連結実質赤字比率を縦軸としたグラフ。財政再生基準30%、早期健全化基準20%、実質赤字比率の財政再生基準と早期健全化基準の差10%、5%などを示す。標準財政規模500億円時点で16.25%、11.25%。]

出所：総務省資料。

早期健全化基準は，実質赤字比率の早期健全化基準に公営企業における経営健全化等を踏まえて5%加算し，市区町村は標準財政規模（実質赤字比率の区分と同じ）に応じて16.25%〜20%，都道府県は8.75%（80分の7）である。

財政再生基準は，実質赤字比率の財政再生基準に早期健全化基準と同様の観点から10%加算し，市区町村は30%（10分の3），都道府県は15%（20分の3）である。

＊　連結実質赤字比率は新しい指標であることから，財政運営に大きな制約を与える財政再生基準については3年間の経過的な基準（市町村の場合，平成20年度及び21年度決算に基づく比率は40%，平成22年度決算に基づく比率は35%とすること）が設けられている。

3 実質公債費比率

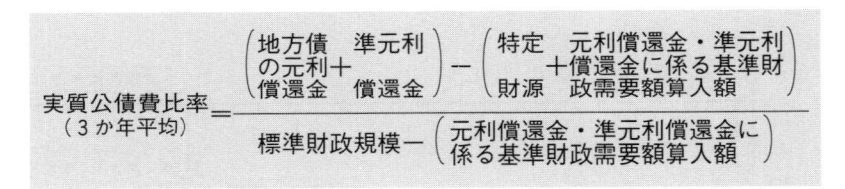

一般会計等が負担する元利償還金及び準元利償還金の標準財政規模に対する比率である。公債費は一般会計の元利償還金に加えて公営企業債に係る元利償還金のうち普通会計が負担するものやＰＦＩ事業に係る建設事業負担などの元利償還金も分も含めて負担とし，これと標準財政規模を地方債の元利償還のうち交付税措置される額を控除して比較した割合である。なお平成19年度から都市計画税を地方債の償還額等に充当可能な特定の財源として参入されることとなっている。

$$\text{実質公債費比率}（3か年平均）=\frac{\left(\begin{array}{c}\text{地方債}\\\text{の元利}\\\text{償還金}\end{array}+\begin{array}{c}\text{準元利}\\\text{償還金}\end{array}\right)-\left(\begin{array}{c}\text{特定}\\\text{財源}\end{array}+\begin{array}{c}\text{元利償還金・準元利}\\\text{償還金に係る基準財}\\\text{政需要額算入額}\end{array}\right)}{\text{標準財政規模}-\left(\begin{array}{c}\text{元利償還金・準元利償還金に}\\\text{係る基準財政需要額算入額}\end{array}\right)}$$

[趣旨] 一般会計等が負担する元利償還金及び準元利償還金の標準財政規模に対する比率

1　準元利償還金＝①から⑤までの合計額
　① 満期一括償還地方債について，償還期間を30年とする元金均等年賦償還をした場合における1年当たりの元金償還金相当額
　② 一般会計等から一般会計等以外の特別会計への繰出金のうち公営企業債の償還に充てたと認められるもの
　③ 組合・地方開発事業団（組合等）への負担金・補助金のうち，組合等が起こした地方債の償還の財源に充てたと認められるもの
　④ 債務負担行為に基づく支出のうち公債費に準ずるもの
　⑤ 一時借入金の利子

2　特定財源
　国や都道府県等からの利子補給，貸付金の財源として発行した地方債に係る貸付金の元利償還金，公営住宅使用料，都市計画事業の財源として発行された地方債償還額に充当した都市計画税等

早期健全化基準は，市区町村と都道府県ともに現行の地方債協議・許可制度において一般単独事業の許可が制限される基準である25％（100分の25）で早期健全化団体となる。

財政再生基準は，市区町村と都道府県とも早期健全化基準と同様に公共事業等の許可が制限される基準である35％（100分の35）である。

	早期健全化基準	財政再生基準
都道府県 市区町村	25％	35％

4 将来負担比率

一般会計等が将来負担すべき実質的な負債の標準財政規模に対する比率である。将来負担すべき実質的な負債には地方公社，第三セクター等の負債まで含めているが，これは夕張破綻が示すように別法人であっても一般会計の実質的負債として捉えるべきとして含めてある。また退職手当支給予定額は発生主義会計により計上される引当額であり発生主義の考え方を取り入れている。

$$将来負担比率 = \frac{将来負担額 - \left(\begin{array}{c}充当可能\\基金額\end{array} + \begin{array}{c}特定財源\\見込額\end{array} + \begin{array}{c}地方債現在高等に係る基\\準財政需要額算入見込額\end{array}\right)}{標準財政規模 - \left(\begin{array}{c}元利償還金・準元利償還金に\\係る基準財政需要額算入額\end{array}\right)}$$

［趣旨］　一般会計等が将来負担すべき実質的な負債の標準財政規模に対する比率

1　**将来負担額**＝(1)から(7)までの合計額

(1)　**当該年度の前年度末における一般会計等に係る地方債の現在高**

満期一括償還地方債の現在高を含めた実額ベースの現在高を計上

(2)　**債務負担行為に基づく支出予定額**

債務負担行為に基づく支出予定額のうち，地方財政法第5条各号に規定する経費の支出に係る比率算定年度の前年度末日において支出が確定している額であって，当該団体の一般会計等において実質的に負担することが見込ま

れる額とする。

　具体的には，同条各号に規定する経費に係る以下の①～⑥に掲げる額のうち，当該団体の一般会計等において実質的に負担することが見込まれる額（当該年度以降の利払いに要する支出予定額を除く）の合計額とする。
① 　ＰＦＩ事業に係るもののうち，公共施設又は公用施設の建設事業費等に係る経費の支出予定額
② 　大規模な宅地開発又は住宅建設に関連して地方公共団体に代わって住宅・都市整備公団等の宅造融資を受けた者が行う公共施設等の建設に要する経費のうち当該地方公共団体が負担する費用の支出予定額
③ 　国営事業等（国営土地改良事業・農地等保全管理事業・農業生産基盤整備事業等で，当該事業に要する費用の全部又は一部に財政融資資金が充てられているものに限る）に対する負担金に係る経費の支出予定額
④ 　地方公務員共済組合が建設した職員住宅その他の施設の無償譲渡を受けるために支払う賃借料に係る支出予定額
⑤ 　公有地の拡大の推進に関する法律（昭和47年法律第66号。以下「公拡法」という）第17条第１項第１号に規定する土地の取得に要する額
⑥ 　①～⑤に掲げるもののほか，これらに準ずるものとして当該団体において合理的に算定した支出予定額

(3) **一般会計等以外の特別会計に係る地方債の償還に充てるための一般会計等からの繰入見込額**

　原則として，会計ごとに①と②のいずれか大きい額を計上（ただし，経常利益の額がある企業については②の額）
① 　現在の繰出基準で元金償還金へ繰出すことが予定される債務残高の額
② 　一般会計等以外の会計の元金償還に係る一般会計等の負担割合（一般会計等から一般会計等以外の特別会計への繰出金のうち一般会計等以外の特別会計の元金償還に充てられた額の割合）を当該年度の前年度末における地方債の現在高に乗じた額
　※ 　宅地造成事業については，事業清算時における一般会計等で負担することが見

込まれる負債（債務超過＝負債－資産）の額

(4) 組合等が起こした地方債の償還に係る地方公共団体の負担等見込額

地方公共団体の一般会計等から，当該団体が加入する組合又は当該団体が設置団体である地方開発事業団（以下「組合等」という）が起こした地方債の元金の償還に充てることが見込まれる額(※)とする。

※ 各団体で見込み方法の定めがある場合は当該方法により算定し，それがない場合には実質公債費比率における組合が起こした地方債の元利償還金に対する負担金等（地方財政法施行令第11条第3号）の計算方法に準じた以下の計算方法を基準とする（この場合，以下の①・②に掲げる会計区分に応じ，当該各項目に定める算式によって得られる額の合計額）。

① 組合等の会計が公営企業会計以外の会計

$$当該会計の地方債残高 \times \left[\frac{A \times C/B}{C} \text{の比率算定年度前3か年平均} \right]$$

A：当該会計の元利償還金額に対する当該団体の一般会計等の負担金等の額（平成19年6月14日付総財地第150号）「実質公債費比率等について」「3 準元利償還金(B)」「(4)組合が起こした地方債の元利償還金に対する負担金等（政令第11条第3号）」「①当該組合に公営企業会計がない場合」に規定されている計算方法により算出した額

B：当該会計における地方債の元利償還額

C：当該会計における地方債の元金償還額

② 組合等の会計が公営企業会計

$$当該会計の地方債残高 \times \left[\frac{A \times a \times C/B}{C} \text{の比率算定年度前3か年平均} \right]$$

A：平成19年6月14日付総財地第150号「実質公債費比率等について」「3 準元利償還金(B)」「(4)組合が起こした地方債の元利償還金に対する負担金等（政令第11条第3号）」「②当該組合に公営企業会計のみがある場合」に規定されている計算方法により算出した額

a：Aにより算出した額に対する貴団体の一般会計等からの負担金等の割合（平成19年6月14日付け総財地第150号「実質公債比率等について」の「別紙1－3－1'」又は「別紙1－3－5'」により算出した貴団体の負担割合）

B：当該会計における地方債の元利償還額

C：当該会計における地方債の元金償還額

(5) 退職手当支給予定額に係る一般会計等負担見込額

以下の①・②の職員の区分ごとに，当該区分に掲げる額の合算額（退職手当の支給業務を組合に処理させている地方公共団体にあっては，当該額に，比率算定

年度の前年度末日に当該組合が解散するものと仮定した場合にその解散に際し当該団体が組合に対して納付すべき額又は当該団体に組合から返還されるべき額を加算若しくは控除した額※）とする（零を下回る場合は零とする）。
① 一般職に属する職員（教育長を除く）のうちその退職手当を一般会計等において実質的に負担することが見込まれる職員（退職手当の支給業務を組合に処理させている団体にあっては，当該団体において退職手当を支給したと仮定して，当該退職手当を当該団体の一般会計等において実質的に負担することが見込まれる職員）全員が比率算定年度の前年度末日に自己の都合により退職するものと仮定した場合に支給すべき国家公務員退職手当法（昭和28年法律第182号。以下「法」という）第2条の3の基本額に相当する額及び調整額に相当する額として以下の退職手当の区分に応じ当該各項目に掲げる額を合算した額（ただし，当該団体の退職手当の制度が特殊であることその他の事情により，これらの事情に応じた算定がより合理的かつ適正と認められる団体にあっては，当該算定によって得られた額）

A：基本額に相当する額

比率算定年度の前年度末月における給料月額に当該団体の条例（退職手当の支給業務を組合に処理させている地方公共団体にあっては，当該組合の条例）において勤続期間に応じて定められている支給率を，当該職員の勤続期間（休業期間等も含めた期間とする。以下同じ）に応じて乗じて得た額

B：調整額に相当する額

以下のB−1又はB−2のいずれかにより算定される額

B−1 次のa・bの勤続期間の区分ごとに，当該各項目に掲げる額の合計額※

a．勤続期間が25年以上の職員

→ 比率算定年度の前年度末日に属する当該団体の条例（退職手当の支給業務を組合に処理させている地方公共団体にあっては，当該組合の条例）において定められている法第6条の4の職員の区分に相当す

る区分（以下「職員区分」という）に係る調整月額に50を乗じて得た額と当該職員区分より1区分調整月額が少ない職員区分に係る当該調整月額に10を乗じて得た額の合計額（ただし，比率算定年度の前年度末日に調整月額が最も少ない職員区分に属する職員にあっては，当該調整月額に50を乗じて得た額）。

  b．勤続期間が10年以上25年未満の職員（比率算定年度の前年度末日において調整月額が最も少ない職員区分に属する職員を除く）

   → 比率算定年度の前年度末日に属する職員区分に係る調整月額に25を乗じて得た額と当該職員区分より1区分調整月額が少ない職員区分に係る当該調整月額に5を乗じて得た額の合計額

   ※ ただし，a，bそれぞれの職員区分に係る調整月額に乗ずる数値については，比率算定年度前3か年度における当該地方公共団体の退職手当における調整月額の支給実績に基づき，必要な補正を行うことができる。

 B-2 次に定める算式により算定した額

   算式 Aの額×a／b

 算式の符号

  a．当該地方公共団体の比率算定年度の前年度に自己の都合により退職した者に支給した調整額（法附則第3条に相当する経過措置規定により調整額を支給されない職員にあっては，当該職員に支給した退職手当の額から当該職員について比率算定年度の前年度末日における当該団体の条例（退職手当の支給業務を組合に処理させている地方公共団体にあっては，当該組合の条例。以下「現条例」という）の基本額の算定方法に基づき算定される額を控除した額）の合計額

  b．当該地方公共団体の比率算定年度の前年度に自己の都合により退職した者について，現条例の基本額の算定方法に基づき算定される額の合計額

② 特別職に属する職員（教育長を含む）のうちその退職手当を一般会計等において実質的に負担することが見込まれる職員（退職手当の支給業務を組合

に処理させている地方公共団体にあっては，当該団体において退職手当を支給したと仮定して，当該退職手当を当該団体の一般会計等において実質的に負担することが見込まれる職員）

→ 当該職員全員が比率算定年度の前年度末日に自己の都合により退職するものと仮定した場合に支給すべき退職手当の額の合計額

※ 退職手当の支給業務を組合に処理させている地方公共団体において，比率算定年度の前年度末日に当該組合が解散するものと仮定した場合に組合に対して納付すべき額又は当該団体に組合から返還されるべき額の計算にあたっては，次の算式の例による。

算式 $\{(A-B)+(C-(D-E))\} \times (G/F)$
A：自団体から組合へ退職手当に係る負担金として納付した額の累計額
B：組合から自団体の職員に対して退職手当として支給した額の累計額
C：組合の退職手当の支給業務に係る積立金の残額
D：比率算定年度の前年度末日における組合の加入団体（自団体を除く）から当該組合へ退職手当に係る負担金として納付した額の累計額
E：組合から比率算定年度の前年度末日における当該組合の加入団体（自団体を除く）の職員に対して退職手当として支給した額の累計額
F：地方公共団体が組合に退職手当支給業務を処理させている当該団体の対象職員数
G：Fのうち，当該団体において退職手当を支給したと仮定して，当該退職手当を当該団体の一般会計等において実質的に負担することが見込まれる職員数

(6) **設立法人の負債の額等に係る一般会計等負担見込額**

次に掲げる①～⑤の負債及び債務の区分に応じ，当該団体の一般会計等において実質的に負担することが見込まれる額として，該当するすべての区分について当該区分に定める額を合計した額とする。

① 設立した地方道路公社の負債

→ 当該地方道路公社の比率算定年度の前年度末日における借入金（設立団体からの借入金及び道路整備特別措置法（昭和31年法律第7号。以下「法」という）第12条に規定する認可を受ける前の指定都市高速道路の新設又は改築に係る借入金を除く）の残高が，次のA・Bに掲げる業務の区分に応じ当該区分に掲げる額を合算した額を超える場合における当該超える額（ただし，他の都道府県

第 2 章　健全化法の制度と自治体財政

又は他の都道府県及びそれらの区域内の地方道路公社法（昭和45年法律第82号）第 8 条の市と共同して地方道路公社を設立した地方公共団体にあっては，当該団体において合理的かつ適切な算定方法に基づき算定した額）

A：法第10条又は第12条に規定する道路の新設又は改築に係る業務
→　料金の徴収期間内の収入見込額として当該地方道路公社の設立団体において算定した額から，料金の徴収期間内の支出見込額として当該団体において算定した額を控除して得られる額を，路線ごとに計算して合計した額[※1]に当該借入金の償還額に充てることができる道路事業損失引当金に係る額を加算した額

　　　　B：Aに掲げる業務以外の業務
→　業務ごとに実施が見込まれる期間として当該地方道路公社の設立団体において算定した期間（以下「事業実施見込期間」という）内の収入見込額として当該団体において算定した額から，事業実施見込期間内の支出見込額として当該団体において算定した額を控除して得られる額を，業務ごとに計算して合算した額[※2]

※1　Aの計算にあたっては次の算式を基準とする。
$$a1 \times (c1/b1 + c2/b2 + c3/b3)/3$$
$$- d1 \times (e1/f1 + e2/f2 + e3/f3)/3$$

　　a1：路線（法第13条に規定する道路の新設又は改築に係る業務を実施している地方公共団体にあっては，料金の徴収を開始している路線に限る。以下同じ。）ごとに国土交通大臣に提出している収支予算の明細上の，比率算定年度以降の収入予定額
　　b1～b3：収支予算の明細上の収入予定額（比率算定前 3 か年度）
　　c1～c3：収入実績額（比率算定年度前 3 か年度）
　　d1：路線ごとに国土交通大臣に提出している収支予算の明細上の，比率算定年度以降の支出予定額
　　e1～e3：収支予算の明細上の収入予定額（比率算定前 3 か年度）
　　f1～f3：収入実績額（比率算定年度前 3 か年度）
　　（なお，b，c，e，f は災害その他やむを得ない事情により額が著しく増加若しくは減少した年度がある場合は，当該年度を除くことができる）

※2　Bの収入見込額及び支出見込額は，原則として比率算定年度前 3 か年度の収入実績額及び支出実績額の平均を算定の基準とする。

② 設立した土地開発公社の負債

　　土地開発公社の当該年度の前年度の末日における貸借対照表（以下「貸借対照表」という）上の負債の額（ただし，土地開発公社を単独で又は他の地方公共団体と共同して設立した地方公共団体（以下「設立団体」という）からの借入金の額のうち当該年度以降に返済する額を除く）が，次に掲げるAからHまでの額の合計額を超える場合における当該超える額を土地開発公社の負債とする（設立団体が複数ある場合には，当該超える額のうち，土地開発公社への出資の割合又は設立団体間で協議の上定めた割合によりあん分した額）。

A：貸借対照表上の現金及び預金の額

B：貸借対照表上の事業未収金の額（設立団体による買取りに係る事業未収金の額を除く）

C：債務負担行為に基づき取得する１号土地（公拡法第17条第１項第１号に規定する土地のことをいう。以下同じ）の取得価額（用地費，補償費，工事費のほか，当該土地の取得又は造成に要した借入金等に係る利息及び人件費その他の付随費用を含む貸借対照表上の価額をいう。以下同じ）

D：土地開発公社の保有する公拡法第17条第１項第１号ニに規定する土地で設立団体が買い取るもの以外のものの取得価額又は当該土地の時価として省令第４条第２項各号に掲げる方法（同項第１号の方法を除く）により評価を行った価額のいずれか少ない額

E：土地開発公社の保有する土地のうち，１号土地（C及びDに規定するものを除く）で，国，設立団体以外の地方公共団体その他公共的団体が買取ることが確実に見込まれる土地の取得価額

F：土地開発公社の保有する２号土地（公拡法第17条第１項第２号に規定する土地のことをいう。以下同じ）（道路，公園，緑地その他の公共施設又は公用施設の用に供することが見込まれる土地を除く）の取得価額又は次に掲げる土地の区分に応じ，それぞれ定めるところにより当該土地の時価として算定した額のいずれか少ない額

　　ａ．販売の用に供することができる土地　当該土地の販売見込額（省令

第2章　健全化法の制度と自治体財政

　　　　　第4条第2項各号に掲げる方法により評価を行った価額）から販売経費
　　　　　等見込額を控除した額
　　　　ｂ．販売の用に供することができない土地　当該土地の完成後の販売見
　　　　　込額から造成販売経費等見込額を控除した額又は当該土地の近傍類
　　　　　似の土地の価格の変動を勘案して取得価額を加算又は減算した額
　　　Ｇ：貸借対照表上の投資その他の資産の額（賃貸事業の用に供する土地の価
　　　　　額を除く）
　　　Ｈ：Ｇに掲げる賃貸事業の用に供する土地の取得価額又は当該土地の時価
　　　　　として省令第4条第2項各号に掲げる方法（同項第1号の方法を除く）
　　　　　により評価を行った価額のいずれか少ない額
　③　設立した地方独立行政法人の負債
　　→　比率算定年度の前年度末日における貸借対照表上の繰越欠損金の額
　　　（繰越欠損金の額がない場合は零とする）
　④　設立団体以外の地方公共団体で土地開発公社に債務保証をしている団体
　　における保証債務
　　→　債務保証している額又は土地開発公社が保有する1号土地（省令第8
　　　条第5号に規定する土地を除く）のうち当該地方公共団体が買取るものの取
　　　得価額のいずれか少ない額
　⑤　地方公共団体の損失補償又は保証に係る債務（地方道路公社，土地開発公
　　社及び地方独立行政法人に対するものを除く）
　　→　別添資料参照
　　　　なお，設立法人以外の者のために負担している債務に係る一般会計等
　　　負担見込額は標準評価方式又は個別評価方式により算定する。また，公
　　　的信用保証及び制度融資に係る損失補償債務に係る一般会計等負担見込
　　　額は，対象年度末の損失補償残高に平均残存年数を乗じた額に，損失補
　　　償実行率を乗じた額とする。

(7) **組合等の連結実質赤字額相当額に係る一般会計等負担見込額**
　　以下の①・②に掲げる組合又は地方開発事業団（以下「組合等」という）の

53

区分に応じ，該当するすべての区分に定める額の合計額とする。
① 組合等の連結実質赤字額に相当する額について，当該組合の加入団体間又は当該地方開発事業団の設置団体間であん分方法が取り決められている当該組合等
　　→ 当該あん分方法に従って計算した額
② 組合等の連結実質赤字額に相当する額について，当該組合の加入団体間又は当該地方開発事業団の設置団体間であん分方法が取り決められていない当該組合等
　　→ 次に掲げる組合又は地方開発事業団の区分に応じ，当該各項目に定める額の合計額
　　　A：組合
　　　　→ 組合に設置されている会計のうち実質赤字額（当該会計が公営企業会計の場合は資金不足額）に相当する額（以下「赤字額」という）がある会計における当該赤字額に，当該会計における全加入団体の負担金の額に占める当該団体の一般会計等から支出された負担金の額の割合を乗じて得た額が，実質黒字額（当該会計が公営企業会計の場合は資金剰余額）に相当する額（以下「黒字額」という）がある会計における当該黒字額に当該会計における全加入団体の負担金の額に占める当該団体の一般会計等から支出された負担金の額の割合を乗じて得た額を超える場合における当該超える額
　　　B：地方開発事業団
　　　　→ 当該地方公共団体が地方開発事業団に委託した事業のうち，実質赤字額（地方自治法第308条第2項に規定する特定事業にあっては資金不足額）に相当する額（以下「赤字額」という）がある事業における当該赤字額が，実質黒字額（特定事業にあっては資金剰余額）に相当する額（以下「黒字額」という）がある事業における当該黒字額を超える場合における当該超える額のうち，当該地方公共団体の一般会計等における実質的な負担額として当該団体において合理的かつ適切な算定方法に基づき算定した額

第2章　健全化法の制度と自治体財政

2　**充当可能財源等**＝(1)から(3)までの合計額
(1)　**地方債の償還額等に充当可能な基金**

　　当該地方公共団体に設置されている地方自治法（昭和22年法律第67号）第241条の基金のうち次の①～④以外の基金（比率算定年度の前年度末日に当該基金を廃止するものと仮定した場合に国及び他の地方公共団体に返還することとならない部分に限る）であって，現金，預金，国債，地方債及び政府保証債等として保有しているもの

　①　災害救助法（昭和22年法律第108号）第37条に定める災害救助基金
　②　高齢者の医療の確保に関する法律（昭和57年法律第80号）第116条に定める財政安定化基金
　③　介護保険法（平成9年法律第123号）第147条に定める財政安定化基金
　④　地方財政法第6条の公営企業に設けられた基金その他法律又は政令の規定により地方債の償還額等に充てることができないと認められる基金

(2)　**地方債の償還額等に充当可能な特定の歳入**

　　以下の①～⑤に掲げる特定の歳入の区分に応じ，当該区分に定める額の合計額とする。

　①　国庫支出金，都道府県支出金又は他の地方公共団体からの分担金及び負担金

　　　地方公共団体の財政の健全化に関する法律第2条第4号イに規定する地方債の償還額又は同号ロからニまでに掲げる額（以下「将来負担額」という）に充てることが確実と見込まれる額又は国庫支出金，都道府県支出金又は他の地方公共団体からの分担金及び負担金（以下「国庫支出金等」という）を充てることができる額※

　　　※　比率算定年度の前年度末日における地方公共団体の財政の健全化に関する法律第2条第4号イからニまでに掲げる額（以下「地方債現在高等」という）に，当該国庫支出金等を当該地方債現在高等にかかる地方債の償還額，債務負担行為に基づく支出額，一般会計等からの繰入額又は組合若しくは地方開発事業団への負担若しくは補助額で除して得た値の比率算定年度前3か年度の平均値を乗じて得た額を上限として，当該団体における当該国庫支出金等の収入見込みを勘案して得た額を基準とする。

55

②　地方債を原資として貸し付けた当該貸付金の償還金

　　当該貸付金の貸付残高のうち，当該貸付金の償還実績を勘案した上で確実に償還が見込まれる額を基準とする。

③　公営住宅の賃貸料その他の使用料

　　公営住宅の賃貸料その他の使用料（以下「公営住宅の賃貸料等」という）を徴収している行政財産又は公の施設の建設に要した地方債の区分又は債務負担行為の事項ごとに，次に定める算式により算定した額の合計額を基準とする。

　算式　$A \times B$

　　算式の符号

　　　$A：a1+a2+a3+a4$

　　　　a1：一般会計等における当該地方債の現在高

　　　　a2：一般会計等以外の会計における当該地方債の元金償還額に対する一般会計等からの繰入見込額

　　　　a3：当該団体が加入する組合又は当該団体が設置団体である地方開発事業団（以下「組合等」という）における当該地方債の元金償還額に対する負担又は補助が必要と見込まれる額

　　　　a4：当該債務負担行為に基づく支出予定額の合計額

　　　$B：b1/b2$ 比率算定年度前3か年度の平均値

　　　　b1：次に定める充当方法に基づき当該地方債の償還額，一般会計等以外の会計における当該地方債の元金償還額に対する一般会計等からの繰入金の額，組合等における当該地方債の元金償還額に対する補助金等の額又は当該債務負担行為に基づく支出額に充当した公営住宅の賃貸料等の収入額

　　充当方法

　　　　公営住宅の賃貸料等の収入額のうち，当該公営住宅の賃貸料等を徴収している行政財産又は公の施設の維持管理に要する経費に充当後，その残余がある場合に，当該残余額を当該地方債の償還額又は当該債

務負担行為に基づく支出額に充当する。
　　　b２：当該地方債の償還額又は一般会計等以外の会計における当該地方債の元金償還額に対する一般会計等からの繰入金の額，組合等における当該地方債の元金償還額に対する補助金等の額又は当該債務負担行為に基づく支出額
④　都市計画税
　都市計画事業に係る地方債の区分又は債務負担行為の事項ごとに，次に定める算式により算定した額の合計額を基準とする。
算式　Ａ×Ｂ
算式の符号
Ａ：ａ１＋ａ２＋ａ３＋ａ４
　　ａ１：一般会計等における都市計画事業に係る地方債の現在高
　　ａ２：一般会計等以外の会計における都市計画事業に対する一般会計等からの繰入見込額
　　ａ３：当該団体が加入する組合又は当該団体が設置団体である地方開発事業団（以下「組合等」という）における都市計画事業に対する負担又は補助が必要と見込まれる額
　　ａ４：都市計画事業に係る債務負担行為に基づく支出予定額の合計額
Ｂ：ｂ１／（ｂ２＋ｂ３＋ｂ４＋ｂ５＋ｂ６－ｂ７）の比率算定年度前３か年度の平均値（１を超える場合は１とする）
　　ｂ１：都市計画税の収入額
　　ｂ２：一般会計等における都市計画事業に係る地方債の元金償還額
　　ｂ３：一般会計等以外の会計における都市計画事業に対する一般会計等からの繰入金の額
　　ｂ４：組合等における都市計画事業に対する一般会計等からの補助金等の額
　　ｂ５：都市計画事業に係る債務負担行為に基づく支出額のうち一般会計等から支出された額

　　　　b6：都市計画事業に係る支出額（b2～b5を除く）
　　　　b7：当該支出額に充てた地方財政法第5条の4第1項第2号に規定
　　　　　する特定の歳入に相当する金額（都市計画税に係る金額を除く）
　⑤　①～④に掲げるもののほか，その性質により将来負担額に充てることが
　　できると認められる特定の歳入
　　　　将来負担額に掲げる額に充てることが確実と見込まれる額又は充てるこ
　　とができる額※
　　　　※　当該特定の歳入を充てることができる特定の事業の支出に対する比率算定年
　　　　　度前3か年度の充当割合の平均値を，当該特定の事業に係る将来負担額に乗じ
　　　　　て得た額を基準とする。

(3)　地方債の償還等に要する経費として基準財政需要額に算入されることが見込まれる額

　地方債の償還等に要する経費として，公債費又は事業費補正若しくは密度補正により比率算定年度以降において基準財政需要額に算入されることが見込まれる額として，総務大臣の定めるところにより算定した額とする。

　　　　　　　　　図表2－4　将来負担比率のイメージ

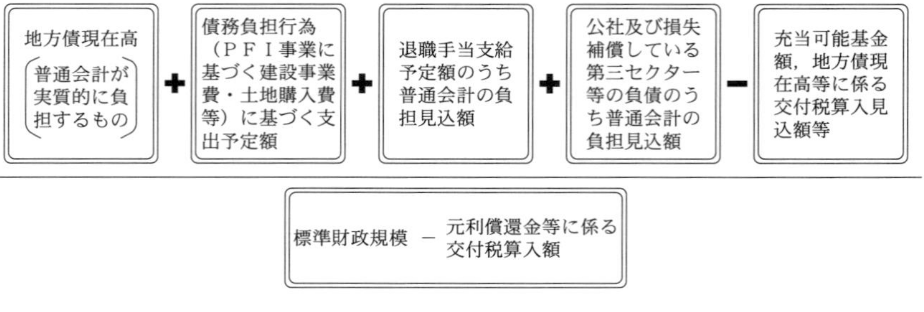

地方債現在高 普通会計が実質的に負担するもの ＋ 債務負担行為（PFI事業に基づく建設事業費・土地購入費等）に基づく支出予定額 ＋ 退職手当支給予定額のうち普通会計の負担見込額 ＋ 公社及び損失補償している第三セクター等の負債のうち普通会計の負担見込額 － 充当可能基金額，地方債現在高等に係る交付税算入見込額等

標準財政規模 － 元利償還金等に係る交付税算入額

　早期健全化基準は，実質公債費比率の早期健全化基準に相当する将来負担額の水準と平均的な地方債の償還年数を勘案して市町村は350%（100分の350），都道府県および政令市は400%（100分の400）である。財政再生基準については将来負担比率は設定していない。

第2章　健全化法の制度と自治体財政

	早期健全化基準	財政再生基準
都道府県・政令市	400%	設定せず
市　区　町　村	350%	

5　資金不足比率

　公営企業の経営健全化につては，公営企業ごとの事業規模に対する資金不足額比率を求める。ただし，計画赤字については資金の不足額から解消可能資金不足額として控除することが認められている。

$$資金不足比率 = \frac{資金の不足額}{事業の規模}$$

［趣旨］　公営企業ごとの資金の不足額の事業の規模に対する比率

1　資金の不足額

・資金の不足額（法適用企業）

　　＝［流動負債＋建設改良費等以外の経費の財源に充てるため起こした地方債の現在高－流動資産］－解消可能資金不足額

・資金の不足額（法非適用企業）

　　＝［繰上充用額＋支払繰延額・事業繰越額＋建設改良費等以外の経費の財源に充てるために起こした地方債の現在高］－解消可能資金不足額

※　解消可能資金不足額：事業の性質上，事業開始後一定期間に構造的に資金の不足額が生じる等の事情がある場合において，資金の不足額から一定額（①＋②の合計額）を控除する。
① 　次のいずれかの方式で算定した額
・累積償還償却差額算定方式
・減価償却前利益による耐用年数以内償還可能額算定方式
・個別計画策定算定方式（基礎控除額算定方式）
② 　資金不足額にカウントされている特定の地方債の現在高のうち経常利益のある企業が起こしたもの，同意又は許可を得て発行したものの現在高
※　宅地造成事業を行う公営企業については，土地の評価に係る流動資産の算定等に関する特例がある。

2　資金の剰余額

・資金の剰余額（法適用企業）
　　　＝流動資産－流動負債－建設改良費等以外の経費の財源に充てるために起こした地方債の現在高

・資金の剰余額（法非適用企業）
　　　＝実質黒字額－建設改良費等以外の経費の財源に充てるために起こした地方債の現在高

　※　宅地造成事業を行う公営企業については，資金の剰余額の算定上，土地の造成等に要する経費の財源に充てるために起こした地方債の残高（及び他会計借入金の現在高）を控除する。

3　事業の規模

・事業の規模（法適用企業）
　　　＝営業収益の額－受託工事収益の額

・事業の規模（法非適用企業）
　　　＝営業収益に相当する収入の額－受託工事収益に相当する収入の額

　※　指定管理者制度（利用料金制）を導入している公営企業については，営業収益の額に関する特例がある。
　※　宅地造成事業のみを行う公営企業の事業の規模については，「事業経営のための財源規模」（調達した資金規模）を示す資本及び負債の合計額とする。

第2章　健全化法の制度と自治体財政

図表2－5　公営企業の経営健全化のイメージ

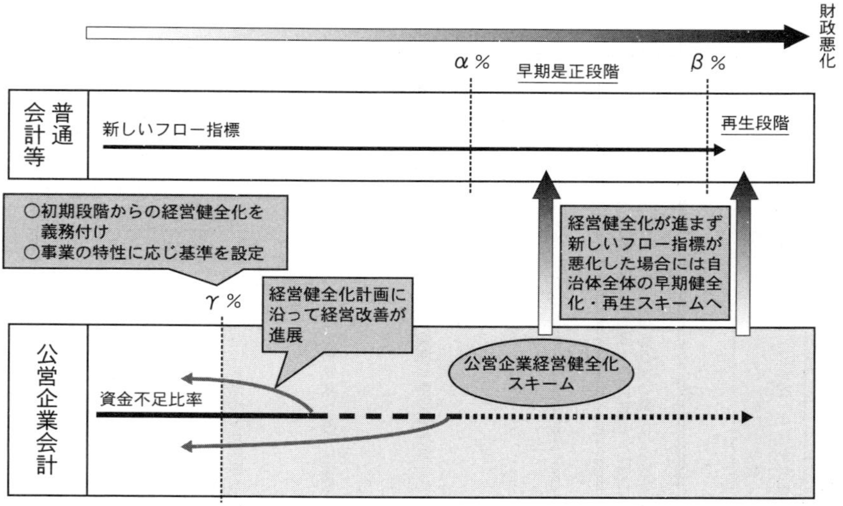

出所：総務省資料。

経営健全化基準（早期健全化基準に相当）は，現行の地方債協議・許可制度の許可制移行基準の2倍である20％である。

公営企業	経営健全化基準
各公営企業	20％

61

図表2－6 解消可能資金不足額について

資金不足が生じる事由

○ 法律案の国会審議における附帯決議等を踏まえ、上下水道、地下鉄などの事業の性質上、構造的に資金不足が生じる事業については、健全化法における比率の算定の際に、将来解消が見込まれる「解消可能資金不足額」を資金不足額から控除するもの。

・公営企業の施設の建設改良費等に係る地方債の元金償還金の累計額－当該施設の減価償却費の累計額が当該施設の利用が段階的に拡大する間に費用を賄う収入を得ることができないこと
・公営企業の施設のうち一定部分の供用が開始されていない又は施設の利用が段階的に拡大する間に費用を賄う収入を得ることができないこと 等

解消可能資金不足額の算定方法

　省令第6条第1項：以下のいずれかの算定方法により算定した額

□ 累積欠損・償却差額算定方式
【対象】公営企業全事業
減価償却費を上回って元金償還が発生することによる差額を算定、資本費平準化債発行済額は控除、元金償還金への一般会計繰入を勘案。

□ 減価償却前前上利益による耐用年数以内負債償還可能額算定方式
残存償却期間内の減価償却前前経常利益をもって償還（解消）可能な流動負債の額を算出、残存償却期間は、事業別、類型別に一番下の年数を用いていることを想定。

▶ 個別計画方式
各団体が策定する経営計画（個別計画等で将来解消が見込まれるものとして基礎控除する額を設定。その額を控除した額と、類似団体平均値等との比較により算定、料金収入等が標準的に収入されるべき料金水準（モデル）から乖離している分から一定の乖離を控除した額のいずれか小さい額。

▶ 基礎控除額算定方式
過去の実績等から将来解消が見込まれるものとしてモデル乖離から控除した額を解消可能限度額として、モデル乖離から控除した額に、累積欠損・償却差額方式のいずれか小さい額を合算。

＋（合算）

　省令第6条第2項：以下の地方債の現在高（ただし、いずれも建設改良費等以外の経費に係る地方債

・経常利益がある法適用企業 又は、経常利益に相当する額がある法非適用企業（企業）が起こした地方債
・法令の規定により総務大臣又は都道府県知事の同意又は許可を得て起こした地方債

出所：総務省資料。

第 2 章 健全化法の制度と自治体財政

図表 2－7　健全化判断比率のまとめ

	定義	早期健全化基準 都道府県	早期健全化基準 市町村	財政再生基準 都道府県	財政再生基準 市町村
実質赤字比率	一般会計等の実質赤字額 / 標準財政規模	3.75%	11.25〜15%	5%	20%
連結実質赤字比率	全会計を対象とした実質赤字額等 / 標準財政規模	8.75%	16.25〜20%	15%	30%
実質公債費比率 右記の3ヵ年平均	(地方債元利償還金等 + 準元利償還金等) − (元利償還金等に係る特定財源 + 基準財政需要算入額) / 標準財政規模 − 元利償還金等に係る基準財政需要算入額	25%	25%	35%	35%
将来負担比率	地方債現在高 + 債務負担行為に基づく将来の支出予定額等 − 地方債現在高等に係る基準財政需要算入見込額 − 基準財政需要算入額 / 標準財政規模 − 元利償還金等に係る基準財政需要算入額	400%	350%		
(公営企業) 資金不足比率	資金の不足額 / 事業の規模	経営健全化基準 20%			

63

図表2－8　早期健全化・再生判断基準と経営健全化基準

健全化判断比率	早期健全化基準：α％	財政再生基準：β％
① 実質赤字比率 　　道府県 　　東京都 　　市区町村	 3.75％ 5％程度 11.25～15％	 5％ 8％程度 20％
＊ 市町村の早期健全化基準計算式（健全化法施行令第7，8条） 　市区町村標準財政規模（A） 　500億円≦A　　　　　　　：11.25％ 　200億円≦A＜500億円：11.25～12.5％＝（25A＋1,000億円）÷240A 　　50億円≦A＜200億円：12.5～15％＝（7A＋100億円）÷240A 　　　　　　A＜50億円：15％＝（20＋10）÷2		
② 連結実質赤字比率 　　道府県 　　東京都 　　市区町村	 8.75％ 10％程度 16.25～20％	（注） 15％ 18％程度 30％
③ 実質公債費比率 　　都道府県 　　市区町村	25％	35％
④ 将来負担比率 　　都道府県・政令市 　　市区町村	 400％ 350％	 なし

（注）　ただし平成20，21年度は10％，平成22年度は5％をそれぞれ加算した値とする。

公営企業の経営健全化	経営健全化基準：γ％
資金不足比率 　　各公営企業	20％

3 早期健全化計画・財政再生計画・経営健全化計画の内容と手続き

　平成20年度決算から早期健全化団体となると早期健全化計画，財政再生団体となると財政再生計画，また経営健全化団体となると経営健全化計画をそれぞれ年度内にその年度を初年度する計画の策定が義務づけられるが，その内容と手続きについてみよう。

　それぞれの計画の具体的な様式は定められてないが，各計画に記載する内容については健全化法に次のような項目があげられている。

・**財政健全化計画**（健全化法第4条第2項）

(1)　健全化判断比率が早期健全化基準以上となった要因の分析

(2)　計画期間

(3)　財政の早期健全化の基本方針

(4)　実質赤字額がある場合にあっては，一般会計等における歳入と歳出との均衡を実質的に回復するための方策

(5)　連結実質赤字比率，実質公債費比率又は将来負担比率が早期健全化基準以上である場合にあっては，それぞれの比率を早期健全化基準未満とするための方策

(6)　各年度ごとの前二号の方策に係る歳入及び歳出に関する計画

(7)　各年度ごとの健全化判断比率の見通し

(8)　前各号に掲げるもののほか，財政の早期健全化に必要な事項

・**財政再生計画**（健全化法第8条第3項）

(1)　再生判断比率が財政再生基準以上となった要因の分析

(2)　計画期間

(3)　財政の再生の基本方針

(4)　次に掲げる計画（ロ及びハに掲げる計画にあっては，実施の要領を含む。次号において同じ）及びこれに伴う歳入又は歳出の増減額

　　イ　事務及び事業の見直し，組織の合理化その他の歳出の削減を図るための措置に関する計画

ロ　当該年度以降の年度分の地方税その他の収入について，その徴収成績を通常の成績以上に高めるための計画
　　ハ　当該年度の前年度以前の年度分の地方税その他の収入で滞納に係るものの徴収計画
　　ニ　使用料及び手数料の額の変更，財産の処分その他の歳入の増加を図るための措置に関する計画
　　ホ　地方税法（昭和25年法律第226号）第4条第2項若しくは第5条第2項に掲げる普通税について標準税率を超える税率で課し，又は同法第4条第3項若しくは第5条第3項の規定による普通税を課することによる地方税の増収計画
 (5) 前号の計画及びこれに伴う歳入又は歳出の増減額を含む各年度ごとの歳入及び歳出に関する総合的な計画
 (6) 第12条第2項に規定する再生振替特例債を起こす場合には，当該再生振替特例債の各年度ごとの償還額
 (7) 各年度ごとの健全化判断比率の見通し
 (8) 前各号に掲げるもののほか，財政の再生に必要な事項

・**経営健全化計画**（健全化法第23条第2項）
 (1) 資金不足比率が経営健全化基準以上となった要因の分析
 (2) 計画期間
 (3) 経営の健全化の基本方針
 (4) 資金不足比率を経営健全化基準未満とするための方策
 (5) 各年度ごとの前号の方策に係る収入及び支出に関する計画
 (6) 各年度ごとの資金不足比率の見通し
 (7) 前各号に掲げるもののほか，経営の健全化に必要な事項

　いずれの計画もそれぞれ財政が悪化した要因がどこにあるか等を分析した上で，最短の期間で財政指標を目標とすべき値へ回復するための基本方針をたて，年度ごとの歳入歳出計画と財政指標の見通し等を計画として策定するものである。各計画は議会の議決をへて策定し公表するとともに，市町村は都道府県知

事，都道府県と政令市は総務大臣に報告することが求められ，さらに外部監査が義務づけられている。また各計画の実施状況については，毎年9月30日までに議会に報告して公表し，知事・総務大臣に報告することも求められている。報告を受けた知事・総務大臣は，計画の実施が著しく困難と認められる場合には，必要な勧告をすることができる。勧告を行った場合にはその内容を公表し，勧告を受けた自治体は勧告内容の執行義務はないが勧告の事実を議会に報告し，監査委員に通知しなければならないとされている。なお財政再生計画については，市町村も総務大臣へ報告し協議し同意を得ることができるとされ，同意を得ている場合には，赤字額を地方債（再生振替特例債）に充てることが認められている。

以上の一連の手続きにより，財政の健全化を進めるのであるが特徴としては，各計画の策定から議会と監査委員を係わらせていることである。また自治体と国が健全化に係る計画や勧告等をインターネットをとおして公表を義務づけることによって，住民への開示がスムーズに行われる。住民にとっても，これからは知らなかったでは済まされないことにもなる。自治体がアカウンタビリティを果たせば，住民はそれを受けとめチェックすることが求められる。

健全化法の施行スケジュール

平成19年6月：「地方公共団体の財政の健全化に関する法律」公布

　　　 12月：健全化判断比率・再生比率の政令公布

平成20年4月：指標の公表に係る規定の施行

　　　 9月〜：平成19年度決算の健全化判断比率・財政再生判断比率の公表

平成21年4月：計画策定義務等に係る規定の施行

　　　 9月〜：平成20年度決算の健全化判断比率・財政再生判断比率の公表

　　　〜3月：計画策定義務に該当する自治体の健全化計画・財政再生計画の策定
　　　　　　（平成21年度内）

❸ 健全化法と自治体財政

1 健全化法の読み方

　新たな破綻法制である健全化法がスタートしたが，健全化法の立法にあたっては，国会で審議する過程で国の関与を強めるのではないかなどという懸念が寄せられた。これに対して政府（菅総務大臣）は，地方分権を進める中で住民自治の機能を強化させつつ財政規律の確保を図るもので，財政の早期健全化段階でも国の関与を最小限にとどめているとの説明がなされた。

　そこで，国会では法案に対して次のような付帯決議がなされた。すなわち，地方分権の観点から国の関与は最小限にすること，財政指標は画一的な指標・基準とならないよう配慮すること，再生振替特例債は支援しつつも地方債残高の縮減に努めること，監査委員の独立性・専門性を高めること，公会計の整備とともに財務書類の整備も進めること，民間での地方債の引受状況を明らかにすること，である。以上の付帯決議にも配慮しつつ健全化法が成立し施行されたのであるが，とくに早期健全化基準と財政再生基準の設定にあたっては，地方自治体の意見等も踏まえながら決められた。

　健全化法の運用は前述のように，4つの健全化判断比率をもとにして「早期健全化」と「財政再生」の2つの段階で財政の健全化を図るものである。ここで4つの比率のうち，実質赤字（収支）比率と実質公債費比率は，現行の地方債協議制において起債制限への移行基準として用いられ周知であるが，連結実質赤字比率と将来負担比率は新たに導入された指標であり，その意味や算定方法等について議論されてきたところである。

　新指標の1つである連結実質赤字比率は，一般会計に国民健康保険事業や収益事業，上下水道事業，病院事業などの公営事業会計を含めて全会計の赤字をカウントするもので，かねてより一般会計と一体となって運営されているにもかかわらず，破綻の指標に含められなかった事業を加えたものである。ここでは，下水道事業や病院事業，鉄道事業など事業の特性から生じる赤字（資金不

第2章　健全化法の制度と自治体財政

足）の扱いが問題となり，公営企業の経営健全化基準の資金不足比率とともに「公営企業会計制度に関する実務研究会」（総務省）などで検討されて，計画赤字（解消可能資金不足額）の算定方法を整理して明確にしてきた（図表2－6参照）。しかし，問題として残っている1つに国民健康保険事業の赤字がある。市町村の国保事業は制度的問題もあり赤字を抱えている市町村も多い。とくに過疎町村では大きな赤字要因として浮上する可能性もある。

　もう1つの新指標で注目を集めたのがストック指標と称される将来負担比率である。これまで，ストック指標の欠如が指摘されていたため新たに導入されたものである。この指標は，全会計に加えて一部事務組合・広域連合，地方公社，地方独立行政法人，第三セクター等の外郭団体の実質的な負債のうち一般会計で負担する分をカウントするもので，大まかには損失補償等を含め消極財産（総債務残高）から積極財産（積立金）を控除した純債務残高を分子にしたものである。ここで第三セクター等を含めたのは，夕張破綻でも経験したように，地方公社と第三セクターで抱える損失補償等は大きな潜在的負担となっているケースも多いからである。すでに総務省は損失補償契約を制限する方針を明らかにしているが，この問題は「債務調整等のあり方に関する調査研究会」（総務省）でもそのあり方などが検討されている。この指標にはほかにも議論する点はあるが，1つ重要な問題をあげると，連結実質赤字比率と同様に異なる会計制度を連結していることである。公会計改革を前提として退職給与引当金を計上するなど，無理な会計処理が行われている点は指摘しておかなければならない。

　つぎに，早期健全化基準と財政再生基準の値（α，β）も当然ながら大きな関心が向けられた。各基準値は図表2－7，8のとおりであるが，それぞれの決定については，実質赤字比率と実質公債費比率は図表2－9，10のように，地方債協議制と比較しながら決められている。いずれの指標も地方債協議制における早期是正措置（実質赤字比率は2.5%～10%，実質公債費比率は18%）より高い比率が基準値となっており，その意味では両指標によってより厳しい健全化が求められたわけではなく，したがって早期健全化団体等が増えるといった問題は回避されている。

69

図表2-9　実質赤字比率の地方債協議制と早期健全化基準・財政再生基準

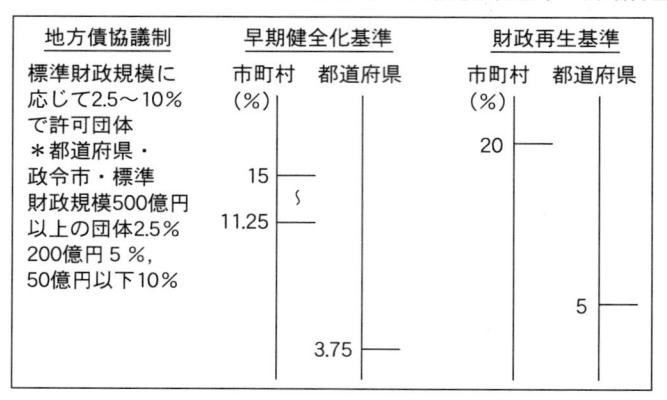

地方債協議制	早期健全化基準	財政再生基準
標準財政規模に応じて2.5〜10％で許可団体 ＊都道府県・政令市・標準財政規模500億円以上の団体2.5％，200億円5％，50億円以下10％	市町村（％）　都道府県 15 〜 11.25 3.75（市町村）	市町村（％）　都道府県 20 5（都道府県）

出所：総務省資料。

図表2-10　実質公債費比率の地方債協議制と早期健全化基準・財政再生基準

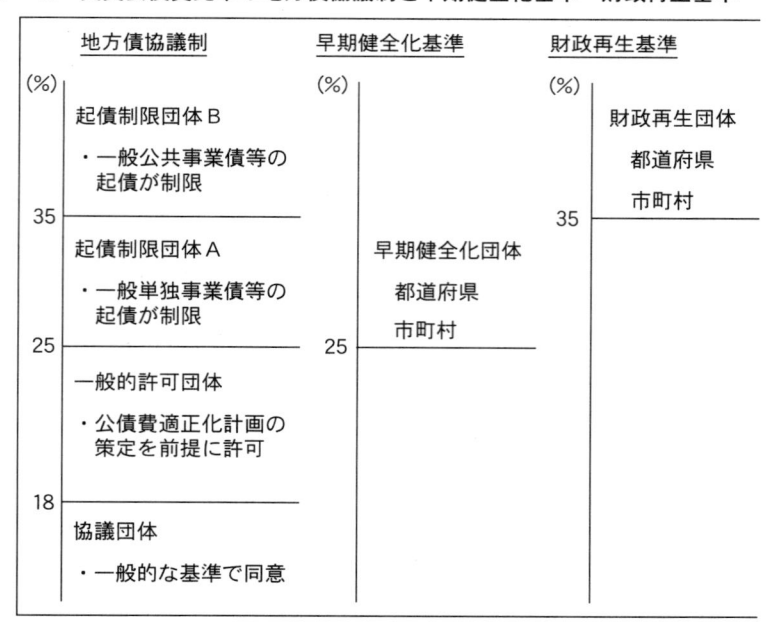

地方債協議制	早期健全化基準	財政再生基準
(％) 　　起債制限団体B 　　・一般公共事業債等の起債が制限 35 ───── 　　起債制限団体A 　　・一般単独事業債等の起債が制限 25 ───── 　　一般的許可団体 　　・公債費適正化計画の策定を前提に許可 18 ───── 　　協議団体 　　・一般的な基準で同意	(％) 早期健全化団体 　都道府県 　市町村 25 ─────	(％) 財政再生団体 　都道府県 　市町村 35 ─────

出所：総務省資料。

一方，新たな連結実質赤字比率については，上下水道事業や病院事業，交通事業など構造的な赤字を抱える公営企業も連結するため基準値が低ければこれらの事業に良くも悪くも影響を及ぼす。そのため破綻となる財政再生基準は，実質赤字比率に10％を加えた値としているが，平成22年度まで比率を緩める経過措置が設けられている。この期間をとおして，公営企業の経営改善化を促すことになる。

そして将来負担比率は，他の指標が財政運営において資金収支に直結するフローの指標であるのに対しストックの指標であり，将来の負担は示しているが現在直ちに財政危機とはならないため財政再生基準には含められていない。また早期健全化基準でも都道府県の方が高く400％，市区町村が350％である。

健全化法は法律の公布から施行まで比較的短い期間であったことから，連結赤字比率では2年の緩和措置が設けられ，破綻となる財政再生基準にはストック指標である将来負担比率は除かれている。こうしたことが制度を曖昧にしているとの批判もあるが，自治体の破綻法はあくまで財政状況をチェックする法律として運用すればよく，次章で解説するように，財政分析に活用することで有効に機能するであろうし，住民等に対するアカウンタビリティにも貢献するものと思われる。

2 健全化法と自治体財政への影響

健全化法の施行によって，どの程度の自治体が財政健全化団体，財政再生団体および経営健全化団体となるかは国会の審議でも問われたところであり，今後の同法の運用にも大きく影響することである。健全化法は平成19年6月に成立し施行されるのは平成21年4月であるから，その間に各自治体で健全化への取組みが急がれ，第4章にもまとめてあるが国も改善に向けて施策を講じてきたところである。

ここで，健全化法がまだ周知されていない時期であるが健全化判断比率を平成18年度決算に適用してこの法律の影響を検証してみよう。はじめに実質赤字比率をみよう。平成18年度決算で赤字団体をみると（図表2-11），都道府県では

実質収支が赤字の団体は大阪府のみである。平成17年度は北海道も赤字であったが黒字となり1団体だけである。大阪府の実質収支（赤字）比率は－0.9％である。したがって，都道府県では実質赤字比率から早期健全化団体に該当する団体はないことになる。

図表2－11　実質収支赤字団体

	平成18年度	平成17年度（参考）
都道府県	1団体 　　大阪府	2団体 　　北海道，大阪府
市町村	25団体 （北海道）小樽市，夕張市，赤平市，歌志内市 （青　森）黒石市，五所川原市，むつ市，深浦町 （秋田県）能代市山本郡養護老人ホーム組合 （千葉県）千葉市 （京都府）大山崎町 （大阪府）守口市，藤井寺市，四條畷市，忠岡町 （奈良県）大和高田市，大和郡山市，御所市，平群町，高取町，上牧町 （和歌山県）湯浅町 （鳥取県）日野町 （徳島県）小松島市 （福岡県）大牟田市	26団体 （北海道）小樽市，夕張市，留萌市 （青森県）黒石市，むつ市，深浦町，野辺地町 （石川県）小松能美広域事務組合 （京都府）宮津市，大山崎町 （大阪府）守口市，泉佐野市，羽曳野市，四條畷市 （奈良県）大和高田市，大和郡山市，桜井市，御所市，平群町，高取町，上牧町 （島根県）島前町村組合 （徳島県）小松島市 （福岡県）大牟田市 （熊本県）人吉市，荒尾市
打切り決算によるもの	（三重県）尾鷲地区広域行政事務組合	
合　計	26団体（1府，24市町，1組合） （他に打切り決算によるもの1組合）	28団体（2道府，24市町，2組合）

（注）1　平成18年度に新たに赤字となった団体には，平成18年度の欄において下線を付している。
　　　2　平成17年度の赤字団体で平成18年度に黒字となった団体には，平成17年度の欄において下線を付している。
　　　3　平成17年度において打切り決算による赤字団体はなかった。
出所：総務省資料。

第2章 健全化法の制度と自治体財政

　一方，市町村（一部事務組合含む）では，実質収支が赤字の団体は25（うち一部事務組合1）である。前年度と比べて1団体の減少である。このうち実質赤字比率が高い団体は，夕張市－791.1，御所市－14.1，むつ市－13.4，上牧町－10.1，高取町－9.8，守口市－8.9，大和高田市－8.6，黒石市－8.0，平群町－7.9，歌志内市－6.9，深浦町－6.7，小松島市－6.1，四条畷市－5.4，小樽市－3.4，大和郡山市－2.9などである。ここでは財政再生団は夕張市が該当する。夕張市は旧再建法で財政再建団体に指定されており，健全化法の施行とともに財政再生団体となる。また早期健全化団体は，御所市（標準財政規模77.6億円で早期健全化基準は13.8%）とむつ市（同159.7億円で12.7%）の2団体が該当する。両市とも基準を僅かに上回っている程度なので施行時には該当しないものと期待したい。

　つぎに，連結実質赤字比率についてみよう。日本経済新聞社が市町村について平成17年度決算で試算した結果があるのでこれをみると（図表2－12），早期健全化団体は，早期健全化基準が標準財政規模により16.25%から20%であるがここでは10団体すべてが該当し，財政再生団体は30%以上（ただし平成20，21年

図表2－12　連結実質赤字比率の高い市町村
　　　　　　　－平成17年度決算－　　（%）

①	夕張市（北海道）	364.5
②	赤平市（北海道）	69.3
③	秋芳町（山口県）	57.4
④	積丹町（北海道）	52.1
⑤	室蘭市（北海道）	47.4
⑥	熱海市（静岡県）	36.1
⑦	泉佐野市（大阪府）	36.6
⑧	長州町（熊本県）	32.8
⑨	宮古島市（沖縄県）	32.1
⑩	網走市（北海道）	25.5

出所：「日本経済新聞」，平成19年12月8日朝刊。

図表2－13　実質公債費比率の高い市町村
－平成16～18年度平均値－（％）

①	王滝村（長野県）	42.2
②	夕張市（北海道）	38.1
③	歌志内市（北海道）	36.7
④	上砂川町（北海道）	33.0
⑤	座間味村（沖縄県）	30.7
⑥	浜頓別町（北海道）	30.5
⑦	日野町（鳥取県）	30.2
⑧	新庄市（山形県）	30.1
⑨	泉崎村（福島県）	30.0
⑨	双葉町（福島県）	30.0

出所：総務省資料。

度決算は40％，22年度決算は35％）であるので，夕張市から宮古島市まで9団体が該当する（40％以上では5団体）ことになる。一般会計では実質赤字比率が小さくても公営事業を含めた連結ベースで赤字をみると大きく膨れてくることがわかる。

　実質公債費比率については，起債許可制移行基準である18％以上の団体をみると，都道府県では4団体（北海道20.6％，長野県19.2％，兵庫県19.6％，島根県18.1％），市町村では414団体（うち政令市は8団体，仙台市，千葉市，横浜市，名古屋市，京都市，神戸市，広島市，福岡市）である。市町村のうち上位10団体をみると（図表2－13），早期健全化団体は早期健全化基準が25％であるので全市町村が該当する。一方，財政再生団体は財政再生基準が35％であるので王滝村，夕張市，歌志内市の3団体が実質公債費比率により財政再生団体となる。

　最も実質公債費比率が高い王滝村は，スキー場などを運営していた観光施設会計で抱えた借金が比率を押し上げてきた。王滝村では財政調整基金を取崩して借金の返済を進めており，平成20年度決算では20％以下になると予測しているが，実質公債費比率は過去3年間の平均であるので財政再生基準の35％をク

リアするのは依然として厳しい状況にある。

　将来負担比率については，前章の図表1－6が参考になる。同表は債務保証・損失補償の標準財政規模に対する比率のみであるが，それぞれ第三セクター等に出資して事業展開した自治体では巨額の潜在的負債を抱えたところもある。

　限られたデータではあるが，健全化法の施行で早期健全団体と財政再生団体に該当する自治体を予測すると，財政再生団体は都道府県では該当がなく，市町村は1ケタ台に収まるものと思われる。また早期健全化団体は都道府県ではないかあっても1か2団体程度であり，市町村では2ケタの前半程度ではないかと予測される。

　健全化法が成立してこれまで，第4章でも述べるように，財政健全化への取組みが進められている。健全化法が施行される平成20年度決算までには，上記でみた自治体も多くが健全化判断比率の改善へ向けた努力が払われようし，また健全化法はそのことを促すための法律でもある。

第3章 自治体決算から読む財政の健全度

1 自治体の決算と会計区分

　健全な財政状況を維持するためには，経常的に財政がどのような状況にあるかを診ておくことが重要である。自治体の財政診断は，通常は決算統計としてまとめられる「地方財政状況調査表」の集計表である「決算状況」（以下，「決算カード」とする）を利用して財政分析として行う。財政の健全化を判断する4つの健全化判断比率も「決算カード」に平成19年度分から追加して記載される。また健全化判断比率の算定内容については，平成19年度から「健全化判断比率の状況」が新たに作成され公表される。

　はじめに，財政分析のもととなる決算について，その手続きの概要と会計区分ならびに決算書類を整理しておこう。

　自治体の決算とは，各自治体が条例設置している一般会計および特別会計の歳入歳出予算の執行実績を集計表としてまとめることであり，このことを決算の調製と呼んでいる。決算の開始は会計年度終了日翌日の4月1日からであるが，5月31日までの2か月間は出納整理期間として定められているため，出納整理期日の翌日の6月1日から決算集計が行われ，3か月以内（8月31日迄）に副市長等が決算書類を作成して首長に提出する。2か月間の出納整理機関が設けられているのは，会計処理方式が現金主義であるのに対し，一定期間の収支

の帰属を発生主義で行うため設けられているのであり，現行の公会計制度である限り出納整理期間は必要となる。

　つぎに決算書類は，一般会計と各特別会計において「歳入歳出決算書」，それに付属書類である「決算事項別明細書」，「実質収支に関する調書」および「財産に関する調書」が調製される。首長はこれらの決算書類に「主要な施策の成果を説明する書類」を添えて，監査委員に提出して審査を受ける。監査委員の審査に付した決算書類は，「監査委員意見書」とともに議会に提出し認定を受けて決算が終了する。なお，特別会計のうち地方公営企業法の財務の適用があるものは，企業会計に準じた決算が行われるため決算書類は異なる。

　地方自治体のまとめる決算にはもう1つある。地方自治法による会計区分は一般会計と特別会計であるが，特別会計については設置が義務づけられている水道事業や介護保険事業など公営企業のほかにも市街地開発事業や母子福祉事業など条例で任意に設置できるものもあり，また両会計は税負担による一般行政事務と料金等による収益的事業とが混合しているものがあるなど，自治体間で会計区分に統一性がない。そのため，この会計区分では地方財政全体の集計がとれない。そこで，公営企業会計と収益事業会計等に該当する特別会計を公営事業会計としてまとめ，それ以外の特別会計を一般会計と合わせて普通会計として統計上の会計区分を設け，これらの会計についても決算を作成することが求められている。

　普通会計の決算は，「地方財政状況調査表」（決算統計調査及び公共施設状況調査）にまとめられ，その集計表として「決算状況」（決算カード）が作成される。これらは市区町村と都道府県別に集計されて，毎年度「地方財政の状況」（地方財政白書）などの統計資料として公表されている。

第3章　自治体決算から読む財政の健全度

図表3－1　自治体の会計区分と決算書類

各自治体の条例による会計区分と決算書類		事　務　内　容		決算統計上の会計区分と提出すべき決算書類	
決算書類	会計区分			会計区分	決算書類
歳入歳出決算書，歳入歳出決算事項明細書，実質収支に関する調書，財産に関する調書	一般会計	一般行政事務		普通会計	地方財政状況調査票，決算状況
歳入歳出決算書，証書類等	特別会計	設置義務なし	公営事業以外の事業で条例で設置：市街地再開発事業，埋立事業，下水道事業，用地取得事業，母子福祉事業など		
決算報告書，貸借対照表，損益計算書，剰余金計算書又は欠損金計算書等（企業会計方式による決算）	特別会計	設置義務あり（事業を行うとき）	公営企業	・地方公営企業法適用事業：水道，工業用水道，軌道，自動車運送，鉄道，電気，ガス，病院 ・条例による法適用：下水道，観光施設，と畜，港湾整備，市場など	公営事業会計	決算報告書，貸借対照表，損益計算書，剰余金計算書又は欠損金計算書等（企業会計方式による決算）
歳入歳出決算書，証書類等			・老人保健医療事業 ・国民健康保険事業 ・介護保険事業 ・公立大学付属病院事業 ・交通災害共済事業 ・農業共済事業　など ・収益事業：競馬，競輪，宝くじなど		地方財政状況調査表，決算状況

② 「決算カード」から読む財政の健全度

1 普通会計決算の分析

　地方自治体は，"健全な運営"に努めなければならないことが地方財政法第2条に規定されている。ここで"健全な運営"とは，収支均衡の確保，財政構造の弾力性，持続性の確保，などが要請されている。具体的には，予算の執行結果としてまとめられる決算数値について，これらを検証して財政運営の状況を明らかにするのが財政分析である。

　財政分析は，通常は「地方財政状況調査表」（以下，「状況調査表」とする）の集計表である「決算カード」をもとに行う。以下では，市町村の「決算カード」から"健全な運営"状況を分析してみよう。

① 「決算カード」の入手

　すべての都道府県と市区町村の「決算カード」は，平成13年度決算分から総務省のホームページからダウンロードできる。また，後述する類似団体との比較財政分析や普通会計と公営事業と一部事務組合および第三セクターの収支状況についても，平成16年度決算分から同じくホームページに掲載されている。なお，平成12年度以前の決算カードについては，各自治体に問い合わせて入手することになる。また「状況調査表」も各自治体に問い合わせないと入手できない。

② 「決算カード」の読み方と分析

　「決算カード」は1ページの表にまとめられ（資料2参照），そこには自治体の基礎データとして表の上段に，ア，所在等の状況（人口，面積，産業構造等）があり，その下にイ，「収支状況」，ウ，「歳入の状況」，エ，「市町村税の状況」，オ，「性質別歳出の状況」，カ，「目的別歳出の状況」，キ，「指数等」がそれぞれ集計されている。それらについて決算カードの欄を見ながら，読み方と健全な状況についてポイントを説明していこう。

第3章　自治体決算から読む財政の健全度

ア　所在等の状況

人口：国勢調査の人口と住民基本台帳の人口及び世帯数である。地方交付税の基準財政需要額の算定には国勢調査が使われる。なお国勢調査には刑務所の受刑者，自衛隊基地の職員が含まれる。住民基本台帳の人口は市町村類型で用いられ，1人当りの割り出しは国勢調査の人口をもとにしている。

> **分析ポイント**：2005年から人口は減少に転じた。人口動向は今後の地域社会にとって重大な問題であり，少子高齢社会の問題はそのスピードの速さである。将来人口を精確に見積もりながら財政運営に当たることが求められる。

面積・人口密度・人口集中地区人口：行政区域の面積，人口密度，国勢調査に基づく人口集中地区人口である。人口集中地区人口とは，市区町村の境域内で人口密度の高い基本単位区（国勢調査の地域単位で原則として人口密度が1km²当り4,000人以上）が隣接して，その人口が5,000人以上となる地域の人口である。それぞれ地方交付税の基準財政需要額の算定に用いられる。

市町村類型：都市と町村を人口と産業構造（就業人口比率）により区分して類型化したものである。都市と町村について類型別に決算カードの平均値が毎年度『類似団体別市町村財政指数表』としてまとめられているので，他の類似団体と比較検討することができる。なお総務省は平成16年度決算分から指数表をホームページで公表している。

> **分析ポイント**：比較財政分析は類似団体の平均値と比較してどういう状況にあるのかを示しているのであって，目指すべきターゲットではないことに留意すべきである。

指定団体等の状況：過疎地域（過疎法で人口減少率と財政力指数により指定し過疎債等の優遇あり。全市町村の37.5％，国土の51.7％，人口7.3％（平成17年4月）が指定），山村地域振興（山村振興法で地域格差是正を目指して整備事業等への支援措置あり。国土の約半分，人口4％が指定），離島振興地域（離島振興法で活性化と社会資本整

備等の予算措置あり。全離島6,847のうち260が指定)などの地域指定の状況である。

> **分析ポイント**：指定団体になると財政上の優遇措置が適用されるものもあるので，該当する場合には措置等を調べて活用することも必要である。

一部事務組合加入の状況：ゴミ処理や消防など一部事務組合と広域連合への加入状況が事業別に掲載されている。一部事務組合等の設置数は全国で約2千ほどであるが，そのうちゴミ処理組合が約3割，消防と総務関係が約2割などである。1自治体当りの加入数は平均8～9である。

> **分析ポイント**：加入自治体が支払う負担金は性質別経費の補助費等に計上される。単純に負担金の多寡を問題にすることはできないが，負担が過大にならないようチェックしておく必要がある。

イ 収支状況

歳入総額から歳出総額を控除して求めた歳入歳出差引を形式収支という。形式収支は公会計が現金主義であるため，当該年度の歳出予算に計上しても現金で支出しなかった繰越分は歳出総額にはカウントされないため，ここから「翌年度に繰越すべき財源」を控除して実質の収支を求める。翌年度に繰越すべき財源とは，継続費逓次繰越額，繰越明許費繰越額および事故繰越繰越額であり，翌年度以降の支出とするために繰越経理をする。決算統計上は上記のほか事業繰越額と支払繰延額がある。実質収支はプラスなら純余剰，マイナスなら純赤字を意味し，実質的な収支であり自治体のいわゆる赤字・黒字はここをみる。また実質収支を標準財政規模で除した値が実質収支比率であり，旧再建法の判断指標であり，健全化判断比率の実質赤字比率と同じである。

つぎの単年度収支は，当年度の実質収支から前年度の実質収支を控除した額である。単年度収支が黒字であるとき，前年度収支が黒字であったときは剰余金の増加であり，前年度収支が赤字であったときは解消したことを意味する。また単年度収支が赤字であるときは，前年度収支が黒字であったときは過去の剰余金を食いつぶしたのであり，前年度収支が赤字であったときは赤字が更に

増加したことを意味する。

最後の実質単年度収支は，単年度収支＋財政調整基金積立額＋地方債繰上償還額－財政調整基金取崩額により求めた額である。これは単年度収支に実質的な赤字および黒字の要因を加えたものである。

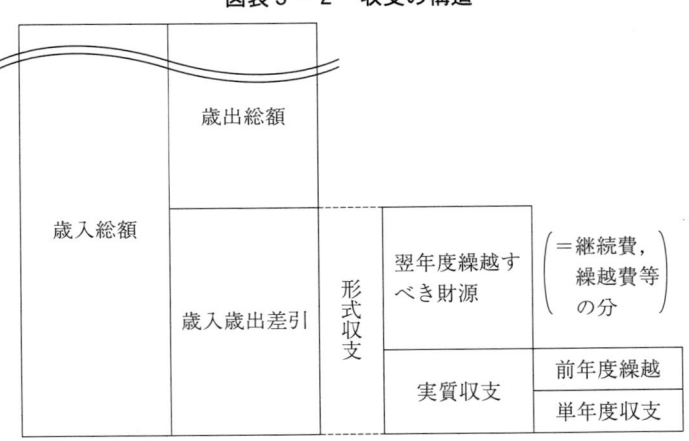

図表3－2　収支の構造

翌年度へ繰越すべき財源＝翌年度への繰越額－未収入特定財源

A市決算カード・「収支状況」の欄　（千円，％）

区　分	平成N年度	平成N－1年度
歳　入　総　額	32,578,146	32,034,445
歳　出　総　額	31,567,953	30,663,406
歳入歳出差引	1,010,193	1,371,039
翌年度へ繰越すべき財源	12,871	16,959
実　質　収　支	997,322	1,354,080
単　年　度　収　支	－356,758	－256,393
積　立　金	690,233	810,523
繰　上　償　還　金	0	0
積立金取崩し額	819,335	826,648
実質単年度収支	－485,860	－272,518

> **健全度のポイント**：自治体は企業と異なり多額の黒字を計上する必要はないが，収支均衡が確保されているためには経験的に実質収支比率は3～5％程度であることが望ましいとされる。（実質収支比率＝実質収支÷標準財政規模）

ウ　歳入の状況

　年度内の現金収入決算額とそのうちの経常一般財源等が示される。経常一般財源等とは，使途が自由な財源で地方税のうち普通税，地方譲与税の一部，普通地方交付税，各種交付金の一部などであり，経常一般財源の割合が多いほど財政運営上の自主性は高く，使途が自由でも臨時的な財源である臨時一般財源は不確定な財源であり自主性はない。経常一般財源の割合は「決算カード」で地方税から地方交付税までの合計が一般財源計として示してあり，この構成比が自主性の目安となる。

　また一般財源のうち自らの権能で財源を調達しうる地方税，使用料・手数料，財産収入などは自主財源であり，他の政府からの財源という意味で地方交付税や国県支出金，地方債などは依存財源に分けられる。もちろん自主財源の比率が多いほど自主性が高くなる。

地方交付税：標準的な行政サービスを提供するために必要な経費を一定の基準で見積もり，その経費を地方税等の自主的な財源で賄えない不足分を地方交付税として国から交付される使途自由な一般財源である。地方交付税は普通交付税と特別交付税にわけられ，前者は事前に見積もった**基準財政需要額**（＝測定単位（人口や面積等）×補正係数（態様や寒冷等）×単位費用（単価：円））から**基準財政収入額**（標準税率で徴収しうる普通税および各種交付金の75％相当と地方譲与税）を控除した額がプラスであれば不足額として交付され，後者は災害等の特別の財政需要がある場合に交付される。

分担金・負担金：分担金は特定の事業に要する経費に充てるために当該事業により利益を受ける者から徴収する金銭である。負担金は主として国・地方自治体相互の経費負担関係に用いられる用語であり，いずれも特定財源である。

使用料・手数料：使用料は行政財産（公民館，学校，住宅等）を特定の者に利用させることで徴収する金銭であり，手数料は特定の者にする役務（証明書の発行，許可証の交付，公簿の閲覧等）の対価として徴収する金銭でありいずれも一般財源である。なお使用料・手数料と税との違いはそれほど明確ではなく，わが国の使用料等の歳入比は低いが欧米ではかなり高い比率の国もある。

国庫支出金：国から事務の財源の全部または一部に充てるため交付される補助金で使途が決められた特定財源である。国庫支出金には，負担金（法令に基づく事務で国と地方の双方が負担の義務を負うもの），委託金（専ら国の事務で国が全額負担の義務を負うもの），補助金（国の奨励的事務または財政援助のためのもの）がある。なお負担金と補助金は明確には区分されていない。

都道府県支出金：都道府県から市町村に特定の事務に要する経費の財源として交付される補助金で使途が決められた特定財源である。国庫支出金と同様に負担金，委託金，補助金がある。

財産収入：公有財産のうち行政財産を除いた財産の貸付，出資，交換または売却等により生じた収入である。具体的には有価証券の配当や売却，基金運用利息等の収入，不要建物の売却などで一般財源である。

繰入金：一般会計や特別会計，基金など相互に資金運用することから移される場合に繰入れられる資金が繰入金となる。

繰越金：決算上剰余金が生じた場合に翌年度へ繰越す分である。剰余金が生じるのは決算で予算を超えた歳入ないし予算に満たなかった歳出があった場合であるが，後者では継続費や繰越明許費等の翌年度以降の繰越分が含まれることもあるので純額の繰越金はこれらを控除して求める。

諸収入：収入のうちいずれの予算科目にも該当しないものはすべて諸収入に計上される。延滞金，科料，加算金，違約金などの収入である。夕張市で一般会計から特別会計へ貸付けた返戻金はこの諸収入に計上された。

地方債：地方財政法第5条による適債事業（公営企業，出資・貸付，借換，災害復旧，建設事業）の地方債のほか，赤字地方債（臨時財政対策債等）も計上される。

> **健全度のポイント**：財政分析では一般財源の歳入に占める割合をみる。一般財源の割合が高いほど自由に使える財源が多いため，自主性が確保されることになる。健全化判断比率の分母である標準財政規模はほぼ一般財源に等しい。しかし地方交付税は三位一体改革で大きく削減され，今後も政策により変動する可能性があるためより慎重に自主性をみるのであれば，一般財源のうち自主財源の割合を注目しておくことが健全化のために重要である。

第3章 自治体決算から読む財政の健全度

図表3－3　A市決算カード「歳入の状況」の欄　　（千円，％）

区　　　分	決　算　額	構成比	経常一般財源等	構成比
地　　方　　税	16,076,035	49.3	14,928,331	77.4
地　方　譲　与　税	282,676	0.9	28,676	1.5
利　子　割　交　付　金	116,282	0.4	116,282	0.6
地方消費税交付金	925,947	2.8	925,947	4.8
ゴルフ場利用税交付金	0	0.0	0	0.0
特別地方消費税交付金	0	0.0	0	0.0
自動車取得税交付金	323,119	1.0	323,119	1.7
軽油引取税交付金	0	0.0	0	0.0
地　方　特　例　交　付　金	695,282	2.1	695,282	3.6
地　方　交　付　税	1,882,144	5.8	1,681,076	8.7
普　　　通	1,681,076	5.2	1,681,076	8.7
特　　　別	201,068	0.6	0	0.0
（一　般　財　源　計）	20,301,485	62.3	18,952,713	98.3
交通安全対策交付金	25,366	0.1	25,366	0.1
分　担　金・負　担　金	212,456	0.7	0	0.0
使　　　用　　　料	433,400	1.3	103,394	0.5
手　　　数　　　料	109,356	0.3	0	0.0
国　庫　支　出　金	3,166,429	9.7	0	0.0
国　有　提　供　交　付　金	197,535	0.6	197,535	1.0
都　道　府　県　支　出　金	1,274,429	3.9	0	0.0
財　　　産　　　収　　　入	101,316	0.3	6,113	0.0
寄　　　附　　　金	106,872	0.3	0	0.0
繰　　　入　　　金	1,847,001	5.7	0	0.0
繰　　　越　　　金	1,371,039	4.2	0	0.0
諸　　　収　　　入	525,996	1.6	162	0.0
地　　　方　　　債	2,905,400	8.9	0	0.0
うち減税補てん債	242,400	0.7	0	0.0
うち臨時財政対策債	236,700	7.3	0	0.0
歳　　入　　合　　計	32,578,146	100.0	19,285,283	100.0

エ　市町村税の状況

　市町村税の欄には徴収済額とそのうち超過課税により徴収した額が表示される。地方税は分権一括法で課税自主権が広がり裁量的に課税できるようになり、また平成19年度から住民税は10％の比例税となるなど地方税制も分権化されてきた。また税は徴税事務が重要であるから徴収率もあわせてチェックする必要がある。

市町村民税：個人に対して均等割と所得割、法人に対して法人均等割と法人税割が課税され、市町村民税は道府県民税と合わせて一般に住民税と呼ばれる。個人の均等割の税率は市町村が3,000円、道府県が1,000円である。また所得割は所得額を課税標準とし税率は平成18年度までは市町村が3％、8％、10％、道府県が2％、3％であったが、平成19年度からは所得税からの税源移譲により所得割の税率は一律10％（市町村6％、道府県4％）となった。

固定資産税：土地、家屋、償却資産（事業に供される土地・家屋以外の資産）を課税対象とする財産税である。課税標準は固定資産台帳に登録された価格で適正な時価である。固定資産台帳は固定資産評価基準により土地と家屋については3年ごとに評価替が行われる。税率は標準税率が1.4％であるが条例で引上げが可能である。また土地の評価額は地域により偏りが大きいため均衡化を図るための負担調整制度がある。土地の評価を巡ってはバブル期の高騰とその後の下落で制度が揺れてきたが、固定資産税は応益課税の地方税として根拠がしっかりし偏在性の低い税目である。

事業所税：都市環境の整備及び改善のために指定都市等（指定都市、首都圏整備法、近畿圏整備法に規定する既成市街地又は既成市街区域を有する市町村、人口30万人以上で政令で指定する市）で事業所として家屋を有している個人及び法人に対して課税する財産税であり目的税である。税率は資産割が事業所床面積1平方メートル当り600円、従業者割が従業員給与総額の100分の0.25である。事業所税は都市集中のコストを賄うため昭和50年から施行されているが、地方分権の観点からは人口要件を緩和して小都市も指定都市等にすべきである。

都市計画税：都市計画事業又は土地区画整理事業のために市町村が都市計画区

域内に土地又は家屋を所有する者に対して課税する目的税である。課税標準は固定資産税と同じであり，税率は0.3％の制限税率が設定されている。税収が不足すると都市計画税の引上げが実施されるが都市計画事業の必要性を勘案してその是非を問うべきである。なお健全化判断比率である実質公債費比率の算定において，これまで都市計画税は標準財政規模に算入されなかったが自治体の要望から算入されることとなった。

> **健全度のポイント**：税源移譲で所得割は全ての市町村で増えるが財政力の小さい市町村ではそれほど期待できない。また地方税が増えれば徴収率が重要となる。現年分は98％以上，前年度の滞納繰越分は40～50％は確保したいところである。

オ　性質別歳出の状況

支出を経済的な性質別に分けて集計したのが性質別歳出である。性質別歳出の欄には決算額とそのうち一般財源等で充当した充当一般財源とさらに経常経費に充当した一般財源等が示される。

人件費：職員の給与や議員の歳費などすべての給与等（事業費支弁の職員給与を除く）に加えて，退職金，地方公務員共済年金負担金，職員互助会補助金なども含めたものである。なお，ゴミ収集や保育サービスの外部委託が進むにつれて人件費は削減されるが，委託先に支払う委託料は物件費に計上される。自治体が負担する人件費は，物件費のうちの委託料もふくめて分析する必要がある。

> **分析ポイント**：人件費は職員の平均年齢や一般職と特別職の割合などで単純に多寡だけで判断できないこともあるが，経常収支比率に占める人件費の割合をみることで硬直化の程度を把握することは重要である。

扶助費：生活保護，児童福祉，老人福祉，身障者福祉に関する給付額でいずれも法令で支出が義務づけられている。扶助費は平成12年に介護保険が導入されて一時的に減少したが，その後の一層の高齢比率の増加と生活保護世帯の

急増で大きく膨れている。最近では人件費を上回る自治体も多い。

> **分析ポイント**：扶助費は制度で支出が義務づけられているので生活保護世帯等の動向等をみることも必要である。

公債費：地方債の元利償還金，都道府県からの貸付金の返還金・利子，一時借入金の利子の額である。

> **分析ポイント**：地方債は平成13年度から赤字地方債の発行が認められこの分が含まれて膨れている。地方債残高の動向とともに起債の厳格な管理が財政運営には重要である。

〔**義務的経費**〕：人件費・扶助費・公債費の合計額である。これらは法令により支出が義務づけられているなど容易に削減できないため義務的経費と呼んでいる。

> **分析ポイント**：義務的経費は歳出を硬直化するのでできるだけ抑えることが求められてきたが，福祉政策を推し進めれば扶助費が増加するので義務的経費は膨れる。少子高齢社会では扶助費は公債費と人件費とは別にして分析すべきかもしれない。

物件費：人件費以外の賃金，旅費，交際費，備品購入費，委託料等である。とくに最近は民間委託が進み委託料が増えて物件費の過半は委託に係る人件費である。そのため財政比較分析表にも人件費と物件費を合わせた人口1人当りのコストを適正度としてあげている。

> **分析ポイント**：施設の維持管理等を民間委託すれば物件費のウエイトが高まるが，委託料等が適正かどうかを常にチェックしておくことが求められる。

維持補修費：庁舎・小中学校・その他公共施設の維持管理費である。ただし施設等の改良で機能が改善するものは普通建設事業費に計上される。

補助費等：報償費，役務費，負担金（一部事務組合等），寄附金などである。支出基準が「公益上必要のある場合」とされ，裁量で支出できるものもあり，団体への補助金など少額であってもバラマキになりがちとなる。

> **分析ポイント**：一部事務組合等への分担金，各種・補助金などが適正であるかどうか，たえず内容をチェックしておくことが重要である。

積立金：財政調整基金，減債基金，その他特定目的基金が計上される。

投資・出資・貸付金：債権，株式の取得，法適用公営事業会計に対する出資金，公社・公団，地方開発事業団，地方公営企業に対する貸付金が計上される。

繰出金：繰入金とともに会計間の現金移動の科目である。公営企業（法非適用事業会計）への繰出金（運転資金，事務費，建設費，公債費財源，赤字補てん財源のための繰り出し）が計上される（なお，法適用公営企業への負担金，補助金，出資金，貸付金等の繰出金は補助費等へ計上される）。

前年度繰上充用：前年度の歳入が歳出に不足する場合，今年度の歳入を繰り上げて前年度の歳入に充てた額が計上される。繰上充用は赤字決算を避けるための非常手段である。

投資的経費：投資的経費は，①普通建設事業費，②災害復旧事業費，③失業対策事業費が計上される。

　①普通建設事業費は国庫補助事業として庁舎建設等総務費，保育所建設等民生費，ゴミ処理施設等衛生費，農林水産業費，商工費，道路・河川・橋・都市計画（街路・区画整理・公園），学校建設等教育費がある。地方単独事業としても同様なものがある。その他県営事業負担金，国直轄事業負担金がある。②災害復旧事業費は国庫補助事業と地方単独事業がある。財政難といっても災害復旧事業費の削減は難しい。③失業対策事業費は雇用対策として支出される。

健全度のポイント：性質別経費では景気対策として投資的経費（普通建設事業の補助事業，地方単独事業）を大盤振る舞いしてきたため，国庫補助事業，地方単独事業を問わず普通建設事業の過剰支出が財政破綻の原因となった。そのため投資的経費は大きくカットされてきた。今後は他の経費とバランスをとりながら公共ニーズに適うよう配分されているかを見極めることがポイントであろう。

第3章 自治体決算から読む財政の健全度

図表3－4　A市決算カード「性質別歳出」の欄 (千円, %)

区　　　　分	決　算　額	構成比	充当一般財源等
人　　件　　費	8,022,818	25.4	7,478,253
うち職員給	8,010,386	19.0	5,488,905
扶　　助　　費	5,047,260	16.0	1,902,807
公　　債　　費	3,690,900	11.7	3,679,286
内訳　元利償還金	3,690,063	11.7	3,678,449
一時借入金利子	837	0.0	837
（　義　務　的　経　費　）	16,760,978	53.1	13,060,346
物　　件　　費	3,837,212	12.2	3,045,751
維　持　補　修　費	793,868	2.5	75,721
補　助　費　等	2,221,326	7.0	2,070,149
うち一部事務組合負担金	1,276,071	4.0	1,260,685
繰　　出　　金	4,000,141	12.7	3,827,581
積　　立　　金	1,316,628	4.2	1,118,174
投資・出資金・貸付金	166,279	0.5	2,109
前年度繰上充用金	0	0.0	0
投　資　的　経　費　計	2,471,521	7.8	1,406,950
うち人件費	37,186	0.1	36,137
内訳　普通建設事業費	2,471,521	7.8	1,406,950
うち補助	1,257,382	4.0	326,538
単　　独	1,198,144	3.8	1,064,417
災害復旧事業費	0	0.0	0
失業対策事業費	0	0.0	0
歳　出　合　計	31,567,953	100.0	25,306,781

カ　目的別歳出の状況

　目的別の経費は行政機構に応じた区分で行政事務配分の割合としてみることができる。目的別歳出の欄には，決算額とそのうち投資分に相当する普通建設事業費の額，また決算額のうち一般財源等から充当された金額が示されている。
議会費：議会活動に要する経費で議員の報酬や政務調査費，委員会の運営費，

公聴会の実費支弁等の経費である。

総務費：総務管理費（本庁舎，公会堂，市民会館などの維持管理・建設費），徴税費，戸籍，住民基本台帳費，選挙費，統計調査費，監査委員費等が計上される。

民生費：社会福祉費，老人福祉費，児童福祉費，生活保護費，災害援助費が計上される。

> **分析ポイント**：都市部では保育所への待機児童が多く，全国的には在宅介護中心とはいえ特別養護老人ホームなど施設介護の重要性も高まり，さらにリストラ等で生活保護の受給者も増大傾向にあるなど，今後とも民生費の増高は避けられない。民生費の内容をたえずチェックしておくことが重要である。

衛生費：保健衛生費，結核対策費，保健所費，清掃費（ごみ収集，運搬施設費など）が計上される清掃費，保健所費，保健衛生費等である。

労働費：失業対策費，労働諸費（雇用促進等の経費）が計上される。

農林水産業費：農業費，畜産業費，農地費（土地改良費，土壌改良費，農業集落排水事業・簡易排水事業会計への繰出金など），林業費（造林，林道整備など），水産業費（漁港建設費，漁港施設維持管理費）が計上される。農地費の土地改良，林業費の林道整備，水産業費の漁港建設など土木事業が中心となっており，自治体の公共事業の分析には土木費にとどまらず農林水産費の中のこれら費用の分析が欠かせない。

商工費：工業団地造成費，消費者行政・中小企業関係経費，観光施設建設事業費等が計上される。

土木費：土木管理費，道路橋梁費（道路・橋梁の建設・改良・維持管理費など），河川費（河川・ダムの維持管理費，河川の改修・護岸・堤防費），港湾費（特定重要港湾・重要港湾・地方港湾の建設・改良・維持管理費），都市計画費（街路費，公共下水道費，都市下水道費，区画整理費など），住宅費（住宅建設費・用地取得費・管理費など），空港費（空港の維持・修繕負担金）等が計上される。

教育費：小中学校の校舎建設・教員給与，社会教育費，幼稚園費などである。

災害復旧費：農林水産施設災害復旧費，公共土木施設災害復旧費，その他が計上される。

公債費：地方債の元利償還金費，都道府県からの貸付金の元利償還費，一時借入金利子が計上される。

諸支出金：普通財産取得費（直接の事業目的を有しない普通財産の取得に要する経費），公営企業費（交通・ガス・電気事業，収益事業への繰出金・貸付金）が計上される。

前年度繰上充用金：「性質別歳出の状況」の前年度繰上充用金の額と一致する。

特別区財政調整納付金：東京都と東京都23区の財政調整の交付金である。地方交付税では両者は合算されている。

健全度のポイント：目的別経費では主要な施策と目的別歳出が整合的であるかを検証しながら，特定の経費が異常に膨れていたりまたは削減されていないかをチェックすることがポイントである。ただし，その中味を検証しようとするなら，「調査表」の表番号09〜13を入手するか，「行政コスト計算書」を見ると性質別経費とクロスされているので分析することができる。

図表3－5　A市決算カード「目的別歳出状況」の欄　(千円，％)

区　分	決算額(A)	構成比	(A)のうち普通建設事業費	(A)の充当一般財源等
議　会　費	278,370	0.9	0	278,370
総　務　費	5,467,132	17.3	335,221	4,687,453
民　生　費	9,465,236	30.0	243,299	5,614,833
衛　生　費	3,197,988	10.1	229,297	2,948,000
労　働　費	153,060	0.5	0	32,860
農林水産業費	135,590	0.4	7,379	125,906
商　工　費	147,289	0.5	0	101,523
土　木　費	3,990,959	12.6	913,312	3,343,412
消　防　費	1,578,789	5.0	54,690	1,480,356
教　育　費	3,462,640	11.0	688,323	3,014,782
災害復旧費	0	0.0	0	0
公　債　費	3,690,900	11.7	0	3,679,286
諸　支　出　費	0	0.0	0	0
前年度繰上充用金	0	0.0	0	0
特別区財調納付金	0	0.0	0	0
歳　出　合　計	31,567,953	100.0	2,471,521	25,306,781

キ　指数等の状況

　ここの指数等には，財政分析では最も重要な決算データが記載されている。また平成19年度「決算カード」から起債制限比率が削除され4つの健全化判断比率が加わる。

基準財政需要額：自治体が合理的で妥当な水準の行政活動を行うために必要な財政需要を各行政項目ごとに算定して求めた額である。現行の算定方法は，市町村では消防や小中学校，道路整備などの行政サービスについて人口や面積などを測定単位とし，これに自治体の地勢や気候，人口等の差異を補正係数により割増・割落して調整して，人口10万人都市を基準にした平均の単価費用を乗じて求める。

基準財政収入額：標準税率で収入されうる地方税，各種交付金および地方譲与

税の合計額で求める普通交付税の算定基準である。(普通税＋利子割交付金＋消費譲与税)×75％＋(地方譲与税－消費譲与税)で算定される額である。75％の分を基準税率，25％を留保財源率と呼んでいる。留保財源を設けているのは，税収を増やしたとき留保財源がなければ増加分が全額交付税の減となるので徴税努力へのインセンティブをもたせているからである。

標準税収入額：(基準財政収入額－地方譲与税)×75/100＋地方譲与税で求める額である。

標準財政規模：標準税収入額に普通交付税の額を加えた額である。一般財源としての規模を表し健全化判断比率の分母であり，財政の体力・身の丈として捉えることができる。

財政力指数：基準財政収入額を基準財政需要額で割った値の過去3年間の平均値である。この値が1未満であれば需要額に収入額が満たないので普通交付税が交付され，1以上であれば収入超過であるから不交付となる。不交付団体は富裕団体とも呼ばれるが財政力指数はあくまで基準財政需要額と基準財政収入額との見合いで交付税の算定基準であって，実際の財源不足・富裕を表すものではない。財政運営の1つの目安として捉えるべき指標である。

> **分析ポイント**：最近の制度改革や財政措置等により指数は変動していることが多い。見せかけのアップに惑わされないことが重要である。

経常収支比率：経常一般財源に対する経常経費充当一般財源の割合である。地方税や普通交付税など経常的に収入される財源のうち，人件費や公債費などの経常的に支出される経費に充当される割合で財政構造の弾力税を判断する法定されてない指数である。この比率が高くなるほど硬直化し100％を超えると借入などの臨時財源に頼らなければ経常的経費を賄えないことを意味している。

$$経常収支比率 = \frac{人件費，扶助費，公債費等に充当した一般財源}{経常一般財源＋減税補てん債＋臨時財政対策債} \times 100$$

> **分析ポイント**：経験的に市町村で75％，都道府県で80％程度が妥当であるとされてきたが最近では多くが90％を超えている。100％を超えると経常的経費に臨時的財源を充てることになるので断じて避けなければならない。また平成13年度から国の減税分を減税補てん債等の赤字地方債で補てんした分を分母に加えて比率を計算しているので，実際には赤字で低くなっている。より健全性をみるなら赤字地方債を含めない比率で判断すべきである。

実質公債費比率：平成18年度より地方債の発行が許可制から協議制になったことにより導入された指標で平成17年度の「決算カード」より表示されている。地方税，普通交付税のように使途が特定されておらず，毎年度経常的に収入される財源のうち，公債費に加えて公営企業債に対する繰出金など公債費に準ずるものを含めた実質的な公債費相当額（普通交付税が措置されるものを除く）に充当されたものの占める割合の前3年度の平均値である。前章でみたように，地方債協議制度で許可基準として法定されている指標で18％を超えると許可制となる。

積立金現在高：財政調整基金，減債基金，特定目的基金の合計額。財政調整基金は年度間の財政の不均衡を是正するための積立金で，財政に余裕のある時に臨時の支出や収入減に備えて積み立てる基金である。減債基金は地方債の償還を計画的に行うために積み立てる基金である。特定目的基金は新庁舎建設など特定の目的のために積み立てる基金である。財政調整基金以外は原則として設置目的のためでなければ取り崩すことはできない。積立金残高比率は「積立金残高」を「標準財政規模」で割ったものである。

地方債現在高：過去に発行した地方債の累積額をいい地方債残高ともいう。

債務負担行為額：翌年度以降に行う債務負担の限度額を予め予算の内容として決定しておくもので，土地などの物件購入，債務保証・損失補償，利子補給などがある。債務負担行為は地方債と同じように将来の財政負担になるものであり，巨額な債務負担行為があることは財政硬直化の原因となる。

第3章　自治体決算から読む財政の健全度

> **分析ポイント**：健全化判断比率に将来負担比率があるが，従来から地方債現在高＋債務負担行為－積立金現在高を将来負担とし，これを標準財政規模で割った値が200％を超えると財政運営が厳しくなる目安としてきた。

収益事業収入：競馬，競輪，競艇，宝くじなど収益金が計上される。最近は景気低迷によりこれら収益事業収入は激減しており，これらの事業廃止も問題になっている。これらは臨時的収入であるにもかかわらず，人件費など経常的支出に充当し，不況でこれら収入が激減する中で財政難に直面する地方自治体が出てきている。

徴収率：それぞれの税について「収入済額」を「調定済額」で割った徴収率が計上される。地方税のウエイトが高まるにつれ税の公平性からも徴収率のアップが求められている。

健全化判断比率：健全化法で法定された4つの比率が計上される。なお各比率の算定については平成19年度から作成される「健全化判断比率の状況」に記載される（資料1参照）。なお，実質収支が黒字のときは実質赤字比率と連結実質赤字比率は0となる。

> **健全度のポイント**：指数等は財政の健全度を測る最も有用なデータである。類似団体と比較して分析することもできる。しかし指数等の認識を誤って分析すると，間違った方向へと導きかねない。用具は十分に理解して使うべきことに気をつけておくべきである。

図表3－6　Ａ市決算カード「指数等」の欄

(千円)

区　　　分		
Ｎ年度	基　準　財　政　収　入　額	13,410,016
	基　準　財　政　需　要　額	15,119,829
	標　準　税　収　入　額　等	17,777,929
	標　準　財　政　規　模	19,459,005
財　　政　　力　　指　　数		0.86
実　　質　　収　　支　　比　　率		5.1
経　常　一　般　財　源　比　率		99.1
起　　債　　制　　限　　比　　率		13.1
積立金現在高	財　政　調　整	1,634,027
	減　　　　　　債	0
	特　定　目　的	598,874
地　　方　　債　　現　　在　　高		31,297,875
う　ち　政　府　資　金		21,484,397
(支出予定額)債務負担額	物　件　等　購　入	0
	保　証　・　補　償	0
	そ　　の　　他	0
	実　質　的　な　も　の	0
収　　益　　事　　業　　収　　入		0
土　地　開　発　基　金　現　在　高		0
徴収率	現年計	合　　　　　計	91.9
		市　町　村　民　税	90.1
		純　固　定　資　産　税	93.0
健全化判断比率	実　質　赤　字　比　率	0 (黒字の場合はゼロ)
	連　結　実　質　赤　字　比　率	1.2
	実　質　公　債　費　比　率	15.4
	将　来　負　担　比　率	21.0

ク　公営事業等への繰出

「決算カード」の下欄に下水道事業，水道事業，交通事業など主要な公営事業等へ一般会計から支出した繰出金が掲載されている。これは一般会計から支出される特別会計への繰出額である。主要な特別会計にどれだけ支出されているのかが明らかにされる。全ての特別会計および第三セクター等の財政状況は，総務省のホームページに「財政状況等一覧表」（図表3－8）として掲載されている。

図表3－7　A市決算カード「公営事業等への繰出」の欄

公営事業等への繰出	合　　計	4,017,065	国民健康保険事業会計の状況	実　質　収　支		311,202
	ゲ　ス　イ	1,650,580		再 差 引 収 支		−790,436
	ス　イ　ド　ウ	16,924		加入世帯数（世帯）		23,609
	コ　ウ　ス　イ	0		被保険者数（人）		43,969
	コ　ウ　ツ　ウ	0		被保険者数1人当り	保険税(料)収入額	76
	コ　ク　ホ	1,438,977			国 庫 支 出 金	64
	ソ　ノ　タ	910,584			保 険 給 付 費	139

図表3-8 財政状況等一覧表（千葉市，平成18年度）

(百万円)

	標準財政規模 (A)	臨時財政対策債発行可能額 (B)	合計 (A)+(B)
団体名　千葉市	185,682	10,452	196,134

1 一般会計及び特別会計の財政状況（主として普通会計に係るもの）

(百万円)

	歳入	歳出	形式収支	実質収支	地方債現在高	他会計からの繰入金	備考
一般会計	349,195	346,869	2,326	214	687,084	0	基金から5,011百万円
母子寡婦福祉資金貸付事業特別会計	399	317	82	82	1,211	71	
霊園事業特別会計	661	661	0	0	0	106	
公共用地取得事業特別会計	14,680	14,680	0	0	11,081	14,679	
学校給食センター事業特別会計	2,146	2,146	0	0	0	961	
公債管理特別会計	97,195	97,195	0	0	84,094	0	基金から48百万円繰入
普通会計	350,874	348,403	2,471	△171	700,832	225	基金から5,035百万円

2 1以外の特別会計の財政状況（公営企業を含む公営事業会計に係るもの）

(百万円，%)

	総収益(歳入)	総費用(歳出)	<法適用以外>形式収支	純損益(実質収支)	企業債(地方債)現在高	他会計からの繰入金	<法適用企業>経常収支比率	<法適用企業>不良債務	<法適用企業>累積欠損金	備考
水道事業会計	1,889	1,889	―	0	14,790	999	99.7	0	0	法適用企業
下水道事業会計(公共下水道)	20,431	20,581	―	△150	250,675	8,765	100.3	894	150	法適用企業
下水道事業会計(特定環境保全)	1,201	1,201	―	0	26,093	731	100.0	0	0	法適用企業
病院事業会計	15,945	16,493	―	△548	27,744	4,469	96.8	0	548	法適用企業
電気事業会計	(歳入)809	(歳出)809	0	(実質収支)0	1,713	0	―	―	―	
市場事業会計	(歳入)1,093	(歳出)1,093	0	(実質収支)0	3,087	296	―	―	―	
観光施設事業会計	(歳入)1,505	(歳出)1,505	0	(実質収支)0	1,096	936	―	―	―	
宅地造成事業会計	(歳入)662	(歳出)646	16	(実質収支)0	10,656	650	―	―	―	
駐車場整備事業会計	(歳入)5	(歳出)5	0	(実質収支)0	0	4	―	―	―	
介護サービス事業会計(指定介護老人)	(歳入)228	(歳出)228	0	(実質収支)0	374	53	―	―	―	
介護サービス事業会計(老人短期)	(歳入)12	(歳出)12	0	(実質収支)0		0	―	―	―	
介護サービス事業会計(老人デイサービス)	(歳入)258	(歳出)258	0	(実質収支)0		60	―	―	―	
下水道事業会計(農業集落排)	(歳入)896	(歳出)895	1	(実質収支)0	5,895	332	―	―	―	
交通災害共済事業会計	(歳入)11	(歳出)11	0	(実質収支)0	0	11	―	―	―	
国民健康保険事業会計	(歳入)74,527	(歳出)73,821	706	(実質収支)451	0	8,136	―	―	―	
老人保健医療事業会計	(歳入)45,129	(歳出)45,034	95	(実質収支)95	0	3,266	―	―	―	
介護保険事業会計	(歳入)32,747	(歳出)32,210	537	(実質収支)497	0	5,146	―	―	―	基金から5百万円繰入
競輪事業会計	(歳入)17,289	(歳出)17,235	54	(実質収支)54	0	0	―	―	―	

(注) 1. 法適用企業とは，地方公営企業法を適用している公営企業である。
　　 2. 法適用企業に係るもの以外のものについては，「総収益」「総費用」「純損益」の欄に，それぞれ「歳入」「歳出」「実質収支」を表示している。
　　 3. 不良債務及び累積欠損金は，正数で表示している。

102

第3章　自治体決算から読む財政の健全度

3　関係する一部事務組合等の財政状況

(百万円, %)

	歳入 (総収益)	歳出 (総費用)	<法適用以外> 形式収支	実質収支 (純損益)	地方債(企業債)現在高	当該団体の負担金割合	<法適用企業> 経常収支比率	<法適用企業> 不良債務	<法適用以外> 累積欠損金	備考
千葉県市町村総合事務組合	33,340	32,424	916	371	3	0.008%	—	—	—	普通会計
千葉県市町村総合事務組合(交通災害共済特別会計)	153	138	15	15	0	—	—	—	—	公営事業会計
千葉県後期高齢者医療広域連合	40	35	5	5	0	12.60%	—	—	—	

4　第三セクター等の経営状況及び地方公共団体の財政的支援の状況

(百万円)

	経常損益	資本又は正味財産	当該団体からの出資金	当該団体からの補助金	当該団体からの貸付金	当該団体からの債務保証に係る債務残高	当該団体からの損失補償に係る債務残高	備考
千葉市都市整備公社	107	1,014	300	116	0	0	53,813	
千葉市みどりの協会	15	170	1	9	0	0	0	
千葉市動物公園協会	△2	86	20	141	0	0	0	
千葉市産業振興財団	△11	156	100	238	0	0	0	
千葉市駐車場管理サービスセンター	△8	129	83	83	0	0	0	
千葉市保健医療事業団	△1	177	120	196	0	0	0	
千葉市駐車場公社	2	106	8	0	0	0	0	
千葉市教育振興財団	93	316	200	1	0	0	0	
千葉市スポーツ振興財団	84	344	200	116	0	0	0	
千葉市文化振興財団	9	89	20	50	0	0	0	
千葉市国際交流協会	2	326	300	72	0	0	0	
千葉市勤労者公社	4	232	200	56	0	0	0	
千葉ショッピングセンター	189	1,330	20	0	0	0	0	
千葉経済興業公社	46	940	40	0	0	0	0	
千葉マリンスタジアム	△9	444	92	0	0	0	0	
千葉市住宅供給公社	△211	△1,914	100	410	0	0	0	
千葉市土地開発公社	59	690	100	0	0	29,928	0	
千葉都市モノレール	243	951	91	0	6,360	0	0	

(注)　損益計算書を作成していない民法法人は「経常損益」の欄には一般正味財産増減の部の当期経常増減額を記入している。

5　財政指数

財政力指数	0.987	実質収支比率	△0.1
実質公債費比率	24.8	経常収支比率	93.2

(注)　実質公債費比率は，平成19年度の起債協議等手続きにおいて用いる平成16年度から平成18年度の3カ年平均である。

2 類似団体との比較分析

　市町村の人口と産業構造を類型化して区分し，それらの区分ごとに決算データを集計して平均値としてまとめたものが「市町村類似団体指数表」として毎年度まとめられている。類似団体として区分されているのは，政令指定都市，特別区，中核市，特例市はそれぞれ1区分，その他の市町村は人口規模（人口数）と産業構造（第Ⅰ，Ⅱ，Ⅲ次の就業人口割合）で都市は16類型，町村は15類型に分けられている。なお，平成16年度決算までは都市42類型，町村45類型であったが，平成の市町村合併で市町村数が減少したため類型の見直しが行われ，平成17年度決算分から図表3－9のような区分となった。また類似団体ごとに集計した決算データは，平成16年度分までは『市町村類似団体指数表』（地方財務協会）にまとめられてきたが，平成17年度分については総務省のホームページから入手できる。

第3章 自治体決算から読む財政の健全度

図表3-9 平成17年度からの市町村類似団体の類型

・市町村の類型
　・大都市（1類型）選定団体数10団体（該当団体数14団体）
　・特別区（1類型）選定団体数23団体（該当団体数23団体）
　・中核市（1類型）選定団体数32団体（該当団体数37団体）
　・特例市（1類型）選定団体数37団体（該当団体数39団体）

都市		Ⅱ次，Ⅲ次95%以上		Ⅱ次，Ⅲ次95%未満		計
		Ⅲ次65%以上	Ⅲ次65%未満	Ⅲ次55%以上	Ⅲ次55%未満	
		3	2	1	0	
50,000人未満	Ⅰ	2(4)	18(27)	37(93)	52(113)	109(237)
50,000～100,000	Ⅱ	39(45)	49(66)	59(78)	49(89)	196(278)
100,000～150,000	Ⅲ	33(35)	22(25)	16(26)	13(18)	84(104)
150,000人以上	Ⅳ	27(29)	13(13)	18(22)	4(4)	62(68)
計		101(113)	102(131)	130(219)	118(224)	451(687)

町村		Ⅱ次，Ⅲ次80%以上		Ⅱ次，Ⅲ次80%未満	計
		Ⅲ次55%以上	Ⅲ次55%未満		
		2	1	0	
50,000人未満	Ⅰ	28(43)	35(54)	85(121)	148(218)
50,000～10,000	Ⅱ	42(62)	59(80)	92(128)	193(270)
10,000～15,000	Ⅲ	39(53)	54(77)	35(57)	128(187)
15,000～20,000	Ⅳ	38(49)	35(50)	23(37)	96(136)
20,000人以上	Ⅴ	99(132)	53(74)	13(27)	165(233)
計		246(339)	236(335)	248(370)	730(1,044)

また主要な財政指数等については，平成16年度決算分から「市町村財政比較分析表」として総務省のホームページに掲載されている。比較分析の項目は，平成17年度決算から次の7項目である。

・**財政力**＝財政力指数：指数が高いほど財源に余裕があることを意味する。
　ただし特別区の指数は特別区財政調整交付金の算定に基づいているので他の市町村とは算定が異なる。

- **財政構造の弾力性**＝経常収支比率：比率が低いほど弾力的であると判断される。
- **人件費・物件費等の適正度**＝人口1人当たり人件費・物件費・維持補修費の決算額：
- **給与水準の適正度**（国との比較）＝ラスパイレス指数：
- **定員管理の適性度**＝人口1人当たり職員数：
- **公債費負担の健全度**＝実質公債費比率：
- **将来負担の健全度**＝人口1人当たり地方債残高：

　これらの項目について，レーダーチャートの中央に類似団体の平均値を100としておき，当該自治体の指数を求めてそれぞれプロットして表したのが「市町村財政比較分析表」（図表3－10）である。当該自治体の指数が良ければ外側にプロットするように作図されているため，それぞれどの項目が類似団体と比べてより健全かそうでないかが容易に判別できる。またレーダーチャートの分析項目は，類似団体の平均値，最大値，最小値が棒グラフで示され，さらに当該自治体のある都道府県内の市町村の平均値も記載されているので県内でどの程度のポジションにあるかなども分かる。

　なお，類似団体の比較はあくまで類似団体の平均値との比較であって，あるべき数値ではないことに留意して読む必要がある。ことに市町村合併によって自治体数が減少したため類型によっては選定団体数が1ケタのところもあり，類似団体のあり方を再考する時期にきているかもしれない。

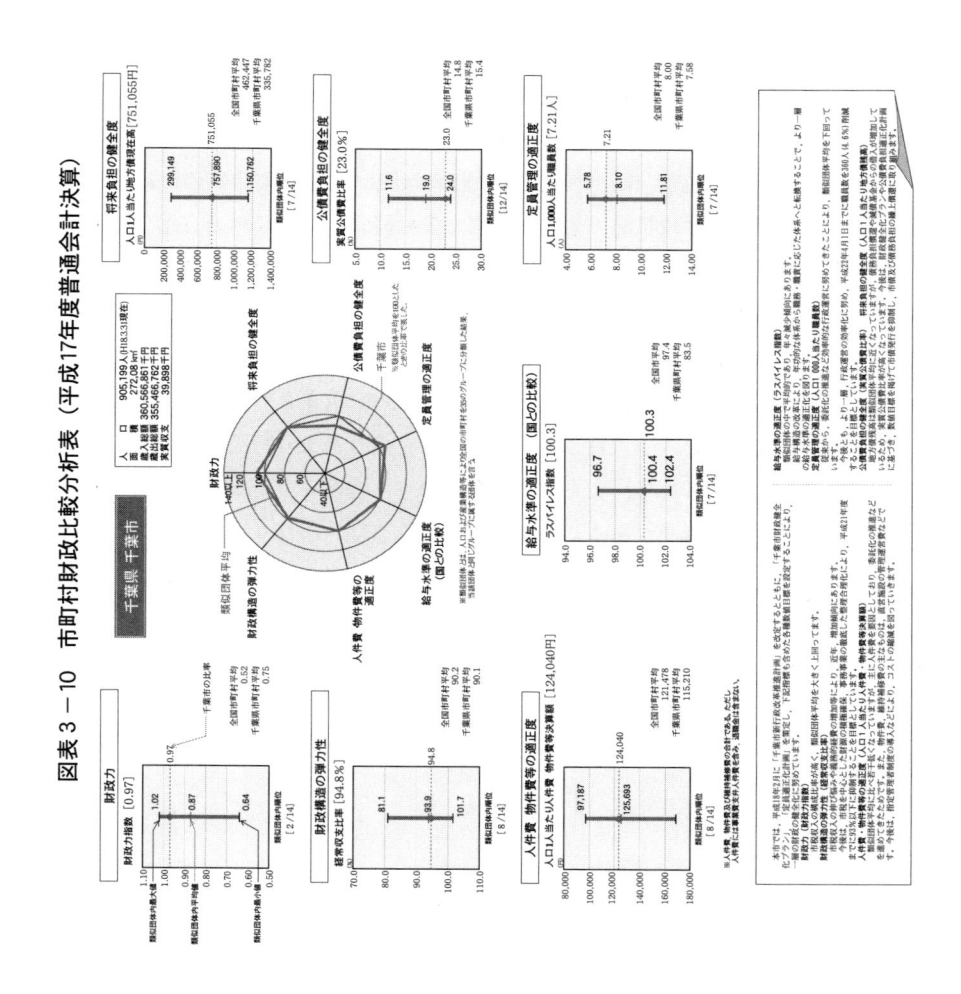

第３章　自治体決算から読む財政の健全度

図表３−10　市町村財政比較分析表（平成17年度普通会計決算）

3 公営企業等の分析

　前述のように，平成17年度決算分から普通会計と公営事業会計，一部事務組合，第三セクター等の財政状況を一覧表にまとめたものを総務省がホームページ（各都道府県とりまとめ）で公表している（図表3－8）。これまで普通会計を中心に財政分析を行ってきたが，外郭団体を含めて財政状況を把握することは夕張破綻の例をみるまでもなく重要であり，全会計に加えて外部団体を連結した決算情報として整備されることが求められる。

　「財政状況等一覧表」は，普通会計の財政状況，公営事業会計の財政状況，一部事務組合等の財政状況，第三セクター等の経営状況及び地方自治体の財政的支援の状況について収支を中心に表示されており，一応は外郭団体を含めて財政状況の概要が把握できる。

　平成17年度決算よりこうした財政情報がインターネットで容易に入手できるようになり，財政の情報公開や透明性の観点からは改善されてきた。しかしその半面，収支バランスの"良さ"，"健全度"を追うあまり行政本来の役割が削られてしまう懸念もある，とくに公営企業のうち病院や上下水道などは，収支で評価はできない側面がある。財政情報の読み方は，パブリック・マネジメント（公共経営）の理念をベースにして収支バランスを基準としてきたが，そろそろ公共サービスの"赤字の価値"を読むことも検討すべきときに来ているようにも思われる。

第4章 財政健全化への取組み

1 健全化法の有用性と課題

1 健全化法の有用性

　新たな破綻法制は，破綻の認定のための法律ではあるが健全化法と称されているように，日頃の財政状態を健全に維持することに主眼がおかれている。旧再建法が破綻時のみのレッドカードを出す制度であったのに対し，健全化法は破綻に至る前の段階でイエローカードを示して，壊滅的な破綻とならないよう定めているのが特徴である。そうした健全化法の有用性はどこに見いだせるのか，検討してみよう。

　破綻法制自体は，必要悪の制度といえよう。自治体の破綻はあってはならないからである。しかし，債務の返済が厳しくなり破綻に近い状態となったときは，速やかに対策を講じる必要がある。日米の自治体は市場からの起債が比較的容易であるため，ときとして返済能力を超えた債務を負ってしまうことがある。両国とも通常の財政運営を行っている限り破綻状態にはなりえないのであるが，自治体（日本では公営企業・地方公社・第三セクター等，アメリカでは Special District を含めて）の起債権限が大きいゆえに破綻の可能性もありうる。そのため，わが国では国の管理のもとで財政支援を受けながら再建に取り組むことを健全化法が規定し，アメリカでは自治体の財産を保全することを目的に債務調

整を連邦破産法が定めている。

　破綻法制は必要悪の制度であることからすれば，有用性という評価はなしえない。しかし，健全化法は破綻法であっても財政健全化の維持を同時に促す制度であるため，この点で評価することができよう。自治体の財政状況については，平成19年度決算から4つの健全化判断比率を記載した「決算カード」に加えて新たに「健全化判断比率の状況」を作成することになった。しかもこれらは初めてインターネットで公表するよう規定（地方財政健全化法施行令第25条）されたため，全自治体の住民が財政状況をチェックすることができる。併せて全会計と公営企業および第三セクター等の決算収支等を記載した「財政状況等一覧表」，それに類似団体と比較した「市町村財政比較分析表」も総務省のホームページで公表されているので財政状況を詳しく調べることができる。

　以上のように，自治体の決算は最近つとに公開が進み，だれでも容易に入手できるようになった。しかし，財政制度は複雑で用語も難解なものが多く，財政状況を分析して読み解くことは難しい。健全化判断比率も財政特有の財政指標であるため，難解であることに変わりない。しかし，イエローカードの早期健全化基準とレッドカードの財政再生基準を設けたことで，財政状況がどの段階にあるのか比較的容易に把握することができる。国が毎年度こうした財政指標の公表を義務づけたことについては，地方自治の観点から逆行するという意見もあるが，住民の側からみれば，外郭団体等を含めた財政状況が開示されるため有益な情報であり，行政への監視に大いに有効である。

　ただし，ここで財政情報がいくら公表されてもその内容の真偽を第三者がチェックしなければ信頼できない。夕張市では監査委員と議会は結果的に何らチェックせず責任を果たさなかった。健全化法では健全化判断比率は監査委員の審査に付して議会へ提出するよう定めている。これらが責任をもって公正な立場で真偽をチェックしてこそ信頼できる情報となる。行政情報も住民，監査，議会によるガバナンスを強化することで有用性は高まることになる。

2　健全化法の課題

　これまで，健全化法に対する批判としては，法律そのものに対して国の関与・統制を強化するもので地方分権に逆行するとの指摘がある。また夕張破綻は，特異な事例で政府の責任により招いたものでこれを基準に破綻法を考えるべきでないとの意見もある。しかし，地方分権に対する監視も必要である。英国のように，第三者機関による外部監査制度があれば別であるが，現状では必要悪であっても必要と考えざるをえない。ここでは，健全化法の主要な役割を財政健全化の促進と位置づけたので，同法の課題をその役割から検討してみたい。

　結論から述べれば，健全化法そのものの課題というより第1章でも述べたように，制度を運用する際に問題となる公会計制度の不備や運用上の経過措置による規律の緩みを指摘することができる。公会計の問題は，現行のいわゆる官庁会計（単式簿記・現金主義）を企業会計（複式簿記・発生主義）へ替えることとして論じられてきた。行財政の効率化・有効化を求めるパブリック・マネジメント（公共経営）による改革は，市場システムを随所に持ち込んできた。公会計も企業会計の導入が改革の目標とされてきた。

　わが国の公会計改革の現状は，その必要性は大方が認識しながらも，いまだ手付かずの状況である。パブリック・マネジメントの改革には企業会計による会計情報が必須とされ，現金決算に加えて企業会計類似の財務書類が求められている。わが国では制度改革が進まないことから，自治体では総務省も協力しながら便宜的な手法でバランスシートや行政コスト計算書などを作成してきた。国も平成12年から財務省が各省庁の協力をえながらバランスシートを公表している。

　しかし，合法規性・適正性を第一義とする公会計では，便宜的に作成する財務書類は政策の意思決定には使うべきではない。なぜなら，公金の収支に合法性や適正性が担保されてない手続でえられた会計情報は，納税者へのアカウンタビリティは確保できないからである。官庁会計の一般会計と企業会計の特別会計（公営企業法財務適用事業）の会計間の連結も現状では便宜的であって適正

性という点では問題が残る。例えば，連結実質赤字比率の算定で公営企業法適用の水道事業や地下鉄事業では公共特有の"やむをえない赤字"が認められているが会計理論上は矛盾をはらんでいる。またストック指標とされる将来負担比率においても，負債に対する見合いの資産は当然に現金主義の決算では認識できない。公会計改革ではまず公会計原則なり公会計基準を設定することが求められる。

　以上のように，健全化法における公会計の不備は指標の運用に問題を生じさせているが，法律そのものを否定するほど致命的な問題ではない。むしろ常時の健全化を促すことによるメリットのほうが大きいと思われる。

　また健全化法の運用において，制度の透明性と平衡性をどう確保するかの問題がある。個別の財政事情に配慮して指標の計算を複雑化すれば，地方交付税制度のように難解なものとなって恣意的な制度として批判されがちである。しかも指標の計算方法と基準値は政省令に委ねられているためなおさらである。ここでは，可能な限り国と地方が協議機関等をとおして制度の運用を行うべきである。集権化が進んだ英国においても最近，国と地方自治体協会（Local Government Association）がどのように連携して国民にサービスを提供でするかの諸原則の枠組みを取り決めた「国・地方の協約」（Central－Local Concordat）が2007年12月に結ばれている。わが国もこうした事例は地方の位置づけを明確にする上で参考になろう。

　最後にもう１つ運用上の課題をあげておきたい。後述するように，病院や交通，上下水道の公営事業は多額の赤字を抱えているケースが少なくない。現状のままで公営事業を連結すれば多くの自治体が赤字に陥ってしまう。そこで交通や上下水道の初期投資の大きい事業については将来の黒字化を見込んで「解消可能資金不足額」を赤字から控除することが認められた。こうした"救済措置"は，当面は健全化を装えるが抜本的な改革へのインセンティブを損ないかねない。また連結実質赤字比率の財政再生基準も平成22年度まで10％から５％引き上げられる経過措置がとられた。健全化法に限らず，わが国では制度の導入を容易にするため往々にしてパターナリスティックな救済措置が盛り込まれ

ることが多い。こうした点から規律の緩みを指摘する声もある。今日の財政危機は，国も地方も弛緩した財政規律が債務超過を引起こし招いてきた。民間に比べて危機意識に欠ける政府に対し，財政規律は厳に引締めるべきである。健全化法も厳格な運用を期待したい。

2 財政健全化への取組み

1 公営企業の再建

　夕張破綻の教訓から，健全化法では公営企業の赤字も一般会計に連結することになった。これにより，公営企業のうちとくに赤字の大きい公立病院や鉄道，バスなどは経営改善や事業そのもののあり方などがにわかにクローズアップされてきた。公営企業の現状をみながら病院改革の取組みをみよう。

　地方財政法第6条は，公営企業の経費は特別会計を設けてこれを行うことを定め，同法施行令第37条は13事業（①水道事業，②工業用水道事業，③交通事業，④電気事業，⑤ガス事業，⑥簡易水道事業，⑦港湾整備事業，⑧病院事業，⑨市場事業，⑩と畜場事業，⑪観光施設事業，⑫宅地造成事業，⑬公共下水道事業）を公営企業として規定している。またこれらの事業のうち8事業（①水道事業（簡易水道を除く），②工業用水道事業，③軌道事業，④自動車運送事業，⑤鉄道事業，⑥電気事業，⑦ガス事業，⑧病院事業（財務規定のみ））については，地方公営企業法が効率的経営を確保し経済性を発揮できるよう組織や財務，職員の身分等について適用することを規定している。

　公営企業の現況を平成18年度末でみると，事業総数は9,317（うち法適用企業は2,858）であり，事業別では下水道事業が3,709（事業総数の39.8％）で最も多く，次いで水道事業（簡易水道含む）が2,297（同24.7％），介護サービス事業が678（同7.3％），病院事業が669（同7.2％），宅地造成事業が519（同5.6％），観光施設が419（同4.5％）などとなっている。一方，決算規模では，決算総額は19兆3,012億円であり，下水道事業が6兆3,686億円（決算総額の33.0％）で最も大きく，

次いで病院事業が4兆6,885億円（同24.3%），水道事業が4兆3,410億円（同22.5%），宅地造成事業が1兆2,875億円（同6.7%），交通事業が1兆2,460億円（同6.5%）などとなっている。

これら公営企業の経営状況をみると，全事業のうち黒字事業は7,842（事業総数の86.0%）で赤字事業の1,278（同14.0%）を大きく上回っているが，全黒字事業の黒字額は6,617億円に対して赤字事業のそれは4,683億円で赤字事業当りの赤字額が大きいことを示している。昨年度と比べると下水道事業で黒字額が増加し交通事業が赤字から黒字へと転換したのに対し，病院事業では赤字額が増加し宅地造成事業は黒字から赤字へと転落している。

つぎに個別の公営事業の状況をみると，実質的な債務超過に陥っている事業は，平成17年度決算時点で72に上っていることが日本経済新聞で報じられている。そのうち最も債務超過額が多いのは，名古屋市営バスで545億円，次いで札幌市営地下鉄が410億円，北海道立病院が297億円，大阪市営新交通システムが242億円，神戸市営バスが233億円などである（図表4－1参照）。上位10位までは交通事業と病院事業によって占められている。

こうした状況を鑑みて，総務省は地方公営企業の経営の総点検を実施してき

図表4－1　実質債務超過の大きい公営企業

（平成17年度決算，億円）

企　業　名	資本合計 ―借入資本金
① 名古屋市営バス	▲545
② 札幌市営地下鉄	▲410
③ 北海道立病院	▲297
④ 大阪市新交通システム	▲242
⑤ 神戸市営バス	▲233
⑥ 愛媛県立病院	▲57
⑦ 青森県立組合病院	▲39
⑧ 広島県立病院	▲38
⑨ 大阪市営バス	▲35
⑩ 夕張市立病院	▲31

出所：「日本経済新聞」平成19年5月2日朝刊。

第4章　財政健全化の取組み

た。平成19年4月に総点検した結果をみると，平成16年の行政改革の指針により公営企業の民営化，指定管理者制度の導入，外部委託化，PFIの導入，地方独立行政法人化などが年々進められてきたが，なお病院事業や交通事業で大きな赤字を抱えている。

　ここで病院事業の現状と改革の取組みをみよう。自治体が経営する公立病院（公営企業法の適用病院）は平成18年度で973を数えるが，そのうち約3分の2が赤字でその総額は2千億円を超えている。また公立病院の累積欠損金は約1兆9千億円にも上り，近年は増加の一途をたどっている。公立病院は，地域住民の健康に自治体が責任をもつという使命のもとで整備が進められてきたが，私的病院中心の医療体制のもとで経営は年々厳しさを増してきた。とくにへき地医療や高度医療，特殊医療の不採算部門を受け持つ公立病院では，経営は一層困難な状況となってきた。

　こうした状況から，公立病院を経営する自治体は自らも病院の再編に動いてきた。都市部では統廃合の検討，病床利用率の低い病院は病床の削減や診療所へ改組などを進め，最近では民間への売却や指定管理者制度の導入，独立行政法人化などにより改革を進めてきた。しかし，改革の成果は一部にはみられるものの全体としては赤字は依然として増え続けている。

　そこで総務省は，「基本方針2007」で公営企業の改革を進めるよう求められたことから，公立病院改革の問題について公立病院改革懇談会を平成19年7月に設置して議論を重ねてきた。同懇談会は同年11月に指針案をまとめ，これをもとに総務省は翌12月に「公立病院改革ガイドライン」を公表した。このガイドラインでは，経営指標等の数値目標の設定と実施状況の点検・評価・公表などを内容とする公立病院改革プランを平成20年度内に作成するよう自治体に求めている。ガイドラインでは財政支援措置等も盛り込まれ，一般会計の費用負担の明確化や支援の重点化など財政面からも改革を促している。

　健全化法で公立病院の赤字も連結されることになった。公立病院も経営改善は急務であるが，切り捨てられない地域医療を財政難の中でどう維持・確保してゆくのか，という難題が自治体と住民に突き付けられている。

2 公営企業金融公庫の改革 —地方公営企業金融機構の創設—

　昭和32年から公営企業の企業債を引受けてきた公営企業金融公庫が，平成20年10月に地方公営企業等金融機構に衣替えする。政府系金融機関の改革とともに，政府が全額を出資していた公営企業金融公庫も見直され，今後は全自治体が出資して設立する同機構に業務が引継がれることになった。

　平成19年5月に成立した地方公営企業等金融機構法の第1条目的には，「地方公営企業等金融機構は，地方公共団体による資本市場からの資金調達を効率的かつ効果的に補完するため，地方公共団体に対しその公営企業に係る地方債につき長期かつ低利の資金を融通するとともに，地方公共団体の資本市場からの資金調達に関して支援を行い，もって地方公共団体の財政の健全な運営及び住民の福祉の増進に寄与することを目的とする。」とあるように，同機構は，自治体の信用力により市場から資金を調達して地方債を自治体に貸付けることを目的として設立される。すなわち，自治体が資金の貸手であると同時に借手となる。

　したがってここでは，規律ある経営が求められる。機構の審査にあたっては第三者機関である経営審議委員会で行われることになるが，審査体制を公正で規律あるものにしておくことが機構を維持していく上で重要なポイントとなる。この点については，同法案に対する国会の付帯決議に次のように述べられている。すなわち「機構においては地方公共団体が資金の貸し手であり，かつ借り手ともなることから，貸付けに当たっては，規律ある経営を確保するため，経営審議委員会等における審査体制を確立するとともに，企業会計原則に沿って財務諸表の作成・開示，貸付け等の業務運営に係る透明性・公平性・公正性を確保し，リスク管理に万全を期すよう，適切な助言に努めること」とされた。

　新機構の概要をみると，出資金額は公庫と同じ166億円（公庫の出資分は国庫に返還）でこれを都道府県が64億円，市が91億円，町村が11億円をそれぞれ負担する。各自治体は出資に応じる予定（平成20年2月時点）であるが，財政状況が厳しい自治体では資金の捻出が難しいところもある。そのため総務省は，地方債で調達することも容認している。出資金を地方債で賄うのは適債事業であり

第4章 財政健全化の取組み

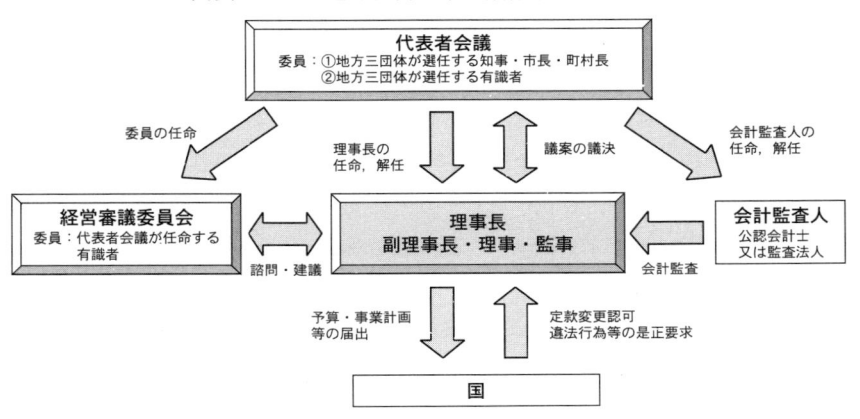

図表4−2　地方公営企業金融機構の運営体制

出所；全国知事会HPより。

問題はないが，今後利払いが生じ自治体の負担は増すことになる。地方債による出資は後述する地域力再生機構にも予定されており，健全化を進める一方で健全化への取組みで借金が増えるという矛盾した面もみられる。

3　地方公社・第三セクター等の救済 —地域力再生機構の創設—

　健全化判断比率の1つである将来負担比率は，地方公社や第三セクター等の外郭団体の負債がカウントされるため，これらの経営改善も大きな課題である。そこで，不振にあえぐ地域企業を再生し地域経済の活性化に役立てようと産業再生機構の地域版設立を政府が目指してきた。

　平成19年6月に発表された「基本方針2007」では，地域経済の一体的な再生・強化の支援を目的とする「地域力再生機構」の創設に向けて具体的な検討を進めるよう述べられた。これを受けて政府は，民間の大企業の再建を進めてきた産業再生機構の仕組みを取入れながら「地域力再生機構」の設立の準備を進めてきた。平成20年2月に同機構の設置法案が閣議決定されたため，いずれ国会で法案が成立すれば設立される。

　内閣府が提出した法案の目的には，「雇用の安定等に配慮しつつ，地域にお

ける総合的な経済力（地域力）の向上を通じて地域経済の再建を図り，併せて地域の信用秩序の基盤強化にも資するため，金融機関，地方公共団体等と連携しつつ，地域経済において重要な役割を果たしている事業者の事業再生を支援することを目的とする株式会社地域力再生機構を創設する」とある。同機構は，巨額の負債を抱えている中堅企業や第三セクターを対象に買収やM＆Aにより再生を行うのであるが，設立から2年以内に支援先を決定し支援決定から3年以内での再生支援の完了を目指し（合計5年で業務完了に努める），業務完了により解散するものである。

　しかし同機構の設立にはハードルが高い。政府は資本金300億円を予定し，国と都道府県，金融機関にそれぞれ3分の1ずつ出資を求めてきたが，国の100億円は平成20年度予算に盛込まれたものの平成20年3月現在で都道府県と金融機関は積極的に応じる姿勢は見せていない。同機構が再生の対象とする巨額の債務を抱える第三セクターは大都市に多く（図表4－3参照），自治体によっては機構に出資してもメリットがないところもある。また第三セクターの再生では自治体の経営責任を問われるケースもあるため，設立そのものに否定的な考え

図表4－3　債務超過額が多い主な第三セクター

（平成18年度末，百万円）

主な出資団体	法　人　名	債務超過額
千葉県	東葉高速鉄道	51,730
大阪市	大阪ワールドトレードセンタービルディング アジア太平洋トレードセンター クリタス長堀	49,918 29,113 15,180
神戸市	海上アクセス	12,832
千葉県	北総鉄道	10,274
愛知県	蒲郡海洋開発	6,895
広島市	広島地下街開発	6,617
茨城県	鹿島都市開発	6,497
北海道芦別市	星の降る里芦別	5,085

出所：「日本経済新聞」，平成20年2月2日朝刊。

第4章　財政健全化の取組み

もある。金融機関も再生に際して債権放棄が迫られれば追加損失の発生もあり及び腰となる。さらに設立したとしても，産業再生機構で培ったノウハウを持つ人材を集めることは容易ではないといったハードルもある。

　こうした課題をクリアーして同機構が設立され，地域の中核企業や第三セクターが再生されればその意義は大きい。もちろんその過程で自治体，金融機関，あるいは住民の責任（負担）が問われることもあるが，地域が一体となって再生に取組んだ実績は地域力となって，その後の活性化に役立つことが期待できる。

4　財政健全度のアピール
―自治体の「格付け」取得と広報（ＩＲ）活動―

　地方債の資金が民間にシフトするにつれて，市場公募団体を中心に「格付け」を取得する自治体が増えている。民間でいう「格付け」とは，個々の債務の支払いの確実性を評価することであるが，自治体の場合には自治体自体を対象にして財政状況を中心に評価するものである。かつて日本格付投資情報センター（Ｒ＆Ｉ）が公募地方債を発行している28団体について勝手格付けを行い，『地方債格付け』（日本経済新聞社，平成7年）と題した本を発表して話題となったが，再び自治体の「格付け」が注目されている。

　地方債は起債協議制となっても，地方財政計画等で財源はマクロベースで保障されているためデフォルトの可能性は極めて低いが，地方債資金が民間にシフトするにつれて，自治体では少しでも有利に地方債を発行するために財政状況をより積極的にＰＲする必要性が増してきた。そのため改めて「格付け」の取得に動き始めたのである。自治体の「格付け」は，格付け機関によって評価方法等は異なるが一般的には財務情報を中心に政治体制や行政機構などヒアリングも交えて評価が下される。

　最近の依頼「格付け」の取得状況をみると（図表4－4），平成18年10月に横浜市がスタンダード・アンド・プアーズ（Ｓ＆Ｐ）から取得してから急速に広がってきた。取得した格付けは，横浜市ＡＡ－，浜松市Ａａ２，京都市Ａ＋，

図表４－４　自治体の格付け取得状況

取得年月	自治体	格付け会社	格付け
2006.10	横浜市	S＆P	ＡＡ－
2007.2	浜松市	M	Ａａ２
2007.8	京都市	S＆P	Ａ＋
2007.6	大阪市	S＆P	ＡＡ－
2007.10	東京都	M	Ａａ１
2007.10	静岡県	M	Ａａ１
2007.10	福岡県	M	Ａａ１
2007.10	大阪市	M	Ａａ１
2007.10	京都市	M	Ａａ１
2007.11	新潟市	S＆P	ＡＡ－

注：S＆Pはスタンダード・アンド・プアーズ。
　　Mはムーディーズ・インベスター・サービス。

大阪市ＡＡ－，東京都Ａａ１などである。前回の勝手格付けでもそうであったが，格付けの水準にそれほどの差はみられない。せいぜい最高と最低の差は３ノッチ程度である。

　しかし今後，健全化法の施行により外郭団体の潜在的な負債を含めて健全化判断比率が公表され，早期健全化団体ないし財政再生団体となるなど健全でないという評価が下されれば，それなりの差はつけられよう。格付けの水準が下がり地方債の調達コストが高くなれば，不急不要な起債の抑止にもなる。市場による起債のコントロールが機能すれば，格付けも有効である。

　また自治体のＩＲ（Investors Relation）活動も盛んである。企業のＩＲ活動は，投資家向けに投資判断に必要な企業情報を適時に継続して提供することであるが，自治体のＩＲ活動も地方債の購入者を中心に財政状況や自治体の取組みなどを公表している。とくに最近は非居住者が受取る地方債の利子が非課税となるなど，海外投資家にとっても魅力ある市場となりつつある。

　こうした地方債を取巻く環境が市場化へと進むことは歓迎すべきことである半面，懸念されることもある。市場化改革は，効率化は促すがそれによって財政力の弱い自治体はより厳しい状況に追いやられる。そうした自治体は，（高価

な）格付けを取得する必要もなく，より不利な条件で資金調達を強いられることにもなりかねない。民間では市場効率を高めることによって経済のパイが拡大するが，公共では福祉のパイは効率の向上とパラレルではない。地方債の資金に関しては，地方公営企業金融機構が有効に機能することを望むところである。

5　公会計の改革方向

公会計の問題は前述の健全化法の課題のところで触れたが，最後に公会計の改革方向を若干述べておきたい。

公会計は予算のための制度である。貨幣単位で表示される会計情報を予算の意思決定にどう有効に機能させるかが公会計の役割である。会計学ではこのことを意思決定有用性アプローチと呼んでいる。最近の予算マネジメント（Plan−Do−See）においても，公会計は評価（業績測定）のためにいかに有用な会計情報を提供するかが求められている。

こうした要求に応えるためには，いうまでもなく，官庁会計方式から企業会計方式に改めなければならない。この方向にだれも異を唱えるものはいないはずである。官庁会計では何兆円もの資金を単式簿記・現金主義で管理しているのであるから問題があろう。しかし，だからといって企業会計の複式簿記・発生主義にダイレクトに移行することが到達点とは考えにくい。公会計の問題は主に会計学に軸足を置いて議論されてきたが，公会計は予算のために政府の経済活動（財政）を記録・集計・報告することであるから，財政学で論ずべきことでもある。

企業会計には企業会計原則や会計基準がある。公会計は財政学がベースであるのでそのなかで公会計原則や公会計基準が策定されてなければならない。英米ではそのことを踏まえながら公会計のコードが第三者機関によって設定され，それを順守して運用されている。便宜的に公会計情報を使い続ければ，結果的にミスリーディングを起こしかねない。

当面は公会計改革が望めないのであれば，せめて単式簿記から複式簿記に替

えるべきである。これにより経常的収支を経常勘定，資本的収支を資本勘定にまとめ，複式予算を作成するべきである。複式予算はすでに1930年代に北欧諸国で採用されてきた。またこれと併せてキャッシュフロー計算書を作成すれば，ストック情報も整理され健全な資金管理が予算をとおして行えるはずである。

第5章
自治体これからの財政危機管理

1 財政危機の認識

1 自治体財政の危機のとらえ方

　国も地方も財政危機が叫ばれて久しい。自治体の"財政危機宣言"や"非常事態宣言"も一時の切迫感がなくなってきた。今日の財政危機は，公債の投資効果をいつまでも過信した政策判断が債務超過を招いて引起こされたものであるが，この政策は国が先導して下したものでそれゆえこの危機の主犯は国である，という見解が地方には根強い。そして国はまたこの財政危機を地方に地方分権とともに，いわゆる"三位一体改革"で痛み分けさせたという見方もある。とくに5兆円にも上る地方交付税の削減は，財政力の弱い自治体を兵糧攻めにあわせ，分権の受け皿と効率化という時代の要請で合併を余儀なくさせてきたとする。

　財政危機の犯人探しはともかくとして，眼前にある危機は国際比較してみても相当に深刻なものである。公債残高は戦時においても経験したことがないほど膨れ，10年以上も恒常的に赤字公債を発行している国は少なくとも先進諸国では見当たらない。戦後初めてマイナス成長を経験し，当初予算に赤字公債を計上しはじめた昭和50年代においては，財政破綻の問題が真剣に議論され第二臨調を発足させた。今日は当時をはるかに上回るほど公債に抱かれた財政であ

るにもかかわらず，財政破綻の議論はなく，楽観的なプライマリーバランス論を展開しているにすぎない。

　地方においても，自治体は起債しても地方財政計画で財源保障されているため危機意識はなおのこと薄い。公営企業も債務超過といっても国の何らかの支援が期待できると多くの自治体で考えてきた。それゆえ"危機宣言"を発しても全体では危機意識は薄く，実感としてもそれほど感じてはいなかったように思われる。

　しかし，夕張破綻で事態は一変した。夕張破綻は特異な事例という見解もあるが，理由はどうであれ巨額の債務を住民に残したことは紛れもない事実であり，夕張市民であり続ける限り返済をしなければならない。第二，第三の夕張探しが行われたのは，まさに他山の石では済まされないことを実感したからである。さすがに行政はじめ住民も財政危機に対する認識を改めざるをえない状況となった。

　夕張市では，国と北海道庁をつうじた支援で再建が行われているが，今後，破綻が増えると夕張市は別の意味で特例となることも考えられる。すなわち，戦前のように，破綻によって公務員の給料や退職金が遅延するという事態も考えられなくはない。実際に，経常収支比率が100％を超えている自治体の退職金は，退職手当債で賄っているのが実情である。これはやはり危機である。途上国でしばしば見られる給料の遅配が，わが国でこの先ないとはだれも言い切れないのではなかろうか。

2　だれが財政危機を管理するのか

　危機管理は未知との遭遇にどう対処するかである。平穏な状態が長いほど危機意識は薄れ，危機管理はおろそかになる。大震災が発生した直後は，悲惨な状態を自分の身に置き換えて防災グッズを用意し意識も高まる。しかし，危機意識を持続することは現実的でないし，一般的には日常の仕事に忙殺されて危機意識は低下しほぼゼロの状態に戻る。財政危機も同じである。財政破綻という危機も，これまでは住民には遠い存在で意識としてはほぼゼロに近かった。

しかし，夕張破綻をきっかけに危機が現実のものとなった。

危機の日常的な管理で参考になるのが，阪神淡路大震災の折に活躍した市民ボランティアである。行政の混乱を市民が一体となって救ってきた。市民ボランティアは，その後も震災や水害で自然発生的に組織され，機能してきた。

社会の統治システムは，国の支配（ガバメント）から協働のパブリック・ガバナンスへと変わってきた。多種多様な住民を画一的な制度でまとめようとする政府では，もはや統治することはできない。とくに非常時には，皆が参加して協働して危機を管理するシステムが市民社会には求められる。

2 これからの危機管理
―市民主義のガバナンスを構築する―

協働のガバナンスでも政府の役割は，引き続き司法，外交，経済政策，社会保障などの公共サービスを提供することに変わりはない。国民が政府に求める公共サービスは，統治者の在り様がどうであろうと変わらないからである。協働のガバナンスではアクターが加わることと，公共サービスの提供プロセスが変わることになる。その考えのベースにニュー・パブリック・マネジメント（NPM）が1980年代から登場したのであった。

NPMのアイデアの1つは，合理的経済人（homo economicus）を前提とした新制度派経済学である。ゲーム理論に登場する合理的経済人は，利己的であり合理的な行動をとる。しかし，実際には人間は利他的でもあるし非合理的な行動もとる。NPMへのこうした批判から，新たなガバナンスのもとで民主的合理性をもとに，ニュー・パブリック・サービス（NPS）の議論が登場してきた。NPSは図表5－1にまとめてあるように，NPMと比較すると特徴がつかめる。基本理論は経済理論に代わって民主主義論である。新古典派が前提としていた合理的経済人はいまや批判を受け，改めて実際の意思決定は不合理でも成立することを基調としている。NPSでは，民主主義的合意のもとで意思決定

図表5-1　ＮＰＭとＮＰＳとの比較

主な収支団体	ニュー・パブリック・マネジメント（ＮＰＭ）	ニュー・パブリック・サービス（ＮＰＳ）
主たる理論	実証主義的経済理論	民主主義論
人間行動の合理性と関連モデル	技術的で経済合理性，"経済人"，利己主義の意思決定者	戦略的合理性，多面的試行の合理性（政治的，経済的，組織的）
公益の概念	個人の利益の総計	各分配利益の結果
公務員は誰に責任を負うか	顧客	市民
政府の役割	舵取り手（市場で媒介として行動）	奉仕者（市民やグループ等との交渉と利害調整）
政策目的の達成メカニズム	民間，ＮＰＯによる新たな執行プログラム	公共，非営利，民間機関の合意による連合の形成
アカウンタビリティへのアプローチ	市場主導による私益の総計が多くの市民（顧客）が求めた成果となること	多様な公務員が法規，地域の価値，政治的規範，専門的基準，公益に仕える義務
行政の裁量	事業目的に応じて広範囲	広範であるが制約があり責任が求められる
前提とする行政機構	政府機関の主導による分権的な機構	内外の指導者による協調的構造
前提とする公務員と行政官の動機	企業家精神，小さな政府志向の思想	公共サービス，社会への貢献

出所：Denhardt, J.V. and R.B Denhardt, *New Public Service,* M.E.Sharpe, 2007, pp.28-9を参考に筆者が作成。

されることになる。またＮＰＳの政府は，住民とともに奉仕者（serving）となる。さらに公共サービスは，住民との連合で提供するため公務員の責任も"顧客"ではなく共同責任を担う"市民"である。ＮＰＳの政府は，市民社会で住民と協働のガバナンスのもとで社会へ奉仕する存在として位置づけられるのである。

　これまでの行財政改革は，経営志向のマネジメントを中心に進められてきたのに対して，ＮＰＳは民主的合意によるマネジメントが目指す方向である。ガバナンスもより住民との協働が鮮明になっている。

第5章 自治体これからの財政危機管理

　しかしここで、ＮＰＭやＮＰＳは欧米の実践社会で論じられたものである。日本社会のガバナンスと日本人の行動原理は、欧米とは大きく異なる。わが国のマネジメント改革は、これまでのところ理念ばかりが先行して実効性は乏しい。とくに自治体においては、個別に取組み先進事例をそのままカタカナで導入してきた。効率重視のマネジメント改革も重要であるが、英国のブレア前首相が唱えた"第三の道"も格差社会への批判が高まるなかでは、重要な選択肢の１つでもある。またやはり日本的な改革を展開するのであれば、漸進的に民主的合意のマネジメントを目指すべきであろう。とくにかつての地縁力・血縁力の復活に努めながら、集団志向の協調社会を基調にしながら、危機管理にも対応することが求められる。結果的には、こうした先人の築いたシステムを復活させながら、財政健全化を目指すのが最善の途となるのではないだろうか。

資料

資料1　健全化判断比率の状況（平成19年度から新設）
資料2　決算状況（決算カード，平成19年度からの様式）
資料3　財政健全化計画書，財政再生計画書，経営健全化計画書
資料4　地方公共団体の財政の健全化に関する法律
　　　　（平成19年6月22日法律第94号）
資料5　地方公共団体の財政の健全化に関する法律施行令
　　　　（平成19年12月28日政令第397号）

〔資料1〕 健全化判断比率の状況（平成19年度から新設）

平成 ○○ 年度 健全化判断比率の状況	比率の状況	実質赤字比率（％）
		連結実質赤字比率（％）
		実質公債費比率（％）
		将来負担比率（％）

実質赤字比率

区分	決算額（単位：千円，％）
繰 上 充 用 額 （A）	
支 払 繰 延 額 （B）	
事 業 繰 越 額 （C）	
標 準 財 政 規 模 （D）	
実質赤字比率（(A)＋(B)＋(C)）／ (D)	

連結実質赤字比率

		区分	決算額（単位：千円，％）	資金不足比率（単位：％）
実質収支	一般会計等	一 般 会 計 (1)		
		農業改良資金貸付事業特別会計 (2)		
		中小企業近代化資金貸付事業特別会計 (3)		
		○ ○ 特 別 会 計 (4)		
		△ △ 特 別 会 計 (5)		
		．		
		．		
		(10)		
資金不足額又は資金剰余額	法適用事業	水 道 事 業 (11)		
		工 業 用 水 事 業 (12)		
		交 通 事 業 (13)		
		電 気 事 業 (14)		
		ガ ス 事 業 (15)		
		．		
		．		
		(20)		
	法非適用事業	交 通 事 業 (21)		
		電 気 事 業 (22)		
		港 湾 整 備 事 業 (23)		
		市 場 事 業 (24)		
		と 畜 場 事 業 (25)		
		．		
		．		
		(30)		
実質収支	その他特別会計	国 民 健 康 保 険 事 業 会 計 (31)		
		農 業 共 済 事 業 会 計 (32)		
		介 護 保 健 事 業 会 計 (33)		
		交 通 災 害 共 済 事 業 会 計 (34)		
		公 立 大 学 附 属 病 院 事 業 会 計 (35)		
		．		
		．		
		(40)		
連 結 実 質 赤 字 額（(1)～(40)の絶対値）（A）				
標 準 財 政 規 模 （B）				
連 結 実 質 赤 字 比 率 （A）／（B）× 100				

資料1　健全化判断比率の状況（平成19年度から新設）

実質公債費比率

区分		決算額（単位：千円，％）	左の内訳	
分子	公債費充当一般財源等額（繰上償還額、公営企業償還額及び満期一括地方債の元金に係るものを除く）(1)		（3）の内訳 （上位3事業及びその他）	決算額（単位：千円）
	満期一括地方債の一年当たりの元金償還金に相当するもの（年度割相当額）等 (2)		下水道事業	
	公営企業債の財源に充てたと認められる繰出金 (3)		病院事業	
	一部事務組合等の起こした地方債の償還に充てたと認められる補助金又は負担金 (4)		上水道事業	
	債務負担行為に基づく支出のうち公債費に準ずるもの (5)		その他の事業	
	一時借入金の利子 (6)			
	災害復旧費等に係る基準財政需要額 (7)			
	(7)のうち準元利償還金に係るもの (8)			
	事業費補正により基準財政需要額に算入された公債費 (9)		（5）の内訳 （上位3事由及びその他）	決算額（単位：千円）
	(9)のうち準元利償還金に係るもの (10)			
	密度補正により基準財政需要額に算入された元利償還金 (11)		PFI事業にかかる委託料	
	密度補正により基準財政需要額に算入された準元利償還金（地方債の元利償還額を基礎として算入されたものに限る）(12)		国営事業負担金	
	小計（(1)～(6)）－（(7)～(12)）　(A)		利子補給	
分母	(7)～(12)の額 (14)		その他	
	標準財政規模 (13)			
	小計 (13)－(14)　(B)			
実 質 公 債 費 比 率　(A)／(B)×100				

将来負担比率

区分		決算額（単位：千円，％）	左の内訳	
将来負担額	(N-1)年度末一般会計等の地方債現在高 (1)		（3）の内訳 （上位3事業及びその他）	決算額（単位：千円）
	債務負担行為に基づく支出予定額 (2)			
	一般会計等以外の会計の地方債の元金償還に対する一般会計等負担見込額 (3)		下水道事業	
	組合等の地方債の元金償還に対する当該団体の負担見込額 (4)		病院事業	
	退職手当支給予定額のうち一般会計等負担見込額 (5)		上水道事業	
	設立法人の債務等に対する一般会計等負担見込額 (6)		その他の事業	
	連結実質赤字額 (7)			
	組合等の連結実質赤字額相当額のうち当該団体の一般会計等の負担見込額 (8)			
	(N-1)年度末の充当可能基金現在高 (9)		（6）の内訳 （上位3団体及びその他）	決算額（単位：千円）
	特定の歳入見込額 (10)			
	地方債現在高等に係る基準財政需要額算入見込額 (11)		土地開発公社	
	小計（将来負担額－((9)～(11))）　(A)		地方道路公社	
	標準財政規模 (12)		地方住宅供給公社	
	災害復旧費等に係る基準財政需要額 (13)		その他の公社等	
	(7)のうち準元利償還金に係るもの (14)			
	事業費補正により基準財政需要額に算入された公債費 (15)			
	(9)のうち準元利償還金に係るもの (16)			
	密度補正により基準財政需要額に算入された元利償還金 (17)			
	密度補正により基準財政需要額に算入された準元利償還金（地方債の元利償還額を基礎として算入されたものに限る）(18)			
	小計（標準財政規模 (12)－算入公債費等 (13)～(18)）　(B)			
将 来 負 担 比 率　(A)／(B)×100				

（注）1．連結実質赤字額は、赤字会計の合計値と黒字会計の合計値の絶対値であり、赤字の場合は整数値となる（黒字の場合は－となる）。

〔資料2〕 決算状況（決算カード, 平成19年度からの様式）

平成19年度 決算状況		人口	17年国調 12年国調 増減率	人 人 %	商業構造		
					区分	12年国債	7年国債
		住民基本 台帳人口	18. 3. 31 17. 3. 31 増減率	人 人 %	第1次		
					第2次		
					第3次		

歳入の状況 （単位：千円 %）

区分	決算額	構成比	経常一般財源等	構成比
地方税				
地方譲与税				
利子割交付金				
地方消費税交付金				
ゴルフ場利用税交付金				
特別地方消費税交付金				
自動車取得税交付金				
軽油引取税交付金				
地方特例交付金				
地方交付税 普通				
特別				
（一般財源計）				
交通安全交付金				
分担金・負担金				
使用料				
手数料				
国庫支出金				
国有提供交付金				
都道府県支出金				
財産収入				
寄附金				
繰入金				
繰越金				
諸収入				
地方債				
うち減税補てん債				
うち臨時財政対策債				
歳入合計				

市町村税の状況（単位：千円 %）

区分	徴収済額	構成比
市町村民税 個人均等割		
所得割		
法人均等割		
法人税割		
固定資産税		
うち純固定資産税		
軽自動車税		
市町村たばこ税		
鉱産税		
特別土地保有税		
（法定普通税計）		
法定外普通税		
目的税		
法定目的外税		
内訳 入湯税		
事業所税		
都市計画税		
水利地益税等		
法定外目的税		
旧報による税		

性質別歳出の状況 （単位：千円 %）

区分	決算期	構成比	充当一般財源等	経常経費充当一般財源等	経常収支比率
人件費					
うち職員給					
扶助費					
公債費					
内訳 元利償還金					
一時借入金利子					
（義務的経費）					
物件費					
維持補修費					
補助費等					
うち一部事務組合負担金					
繰出金					
積立金					
投資・出資金・貸付金					
前年度繰上充用金					
投資的経費計					
うち人件費					
内訳 普通建設事業費					
うち補助					
単独					
災害復旧事業費					
失業対策事業費					
歳出合計					

区分	
議会費	
総務費	
民生費	
衛生費	
労働費	
農林水産省	
商工費	
土木費	
消防費	
教育費	
災害復旧費	
諸支出費	
前年度繰上充当金	
特別区財源納付金	
歳出合計	
公営事業等への繰出 合計	
下水	
交通	
病院	
水道	
国保	
その他	

経常経費充当一般財源等計

経常収支比率

（減税補てん債及び臨時財政対策債を除く）

歳入一般財源等

資料2　決算状況（決算カード，平成19年度からの様式）

（未定稿）

〔資料3〕

財 政 健 全 化 計 画 書

(都道府県市町村名)

第1　健全化判断比率が早期健全化基準以上となった要因の分析

第2　計画期間
　　　　　平成　　年度から平成　　年度まで　　年間

第3　財政の早期健全化の基本方針

第4　一般会計等における歳入と歳出との均衡を実質的に回復するための方策

　　備考　実質赤字額がある場合に記載すること。実質赤字額がない場合は，項番を順次
　　　　繰り上げて財政健全化計画を作成すること。

第5　連結実質赤字比率等を早期健全化基準未満とするための方策

　　備考　連結実質赤字比率，実質公債費比率及び将来負担比率のすべてが早期健全化基
　　　　準未満である場合は，項番を順次繰り上げて財政健全化計画を作成すること。

第6　各年度ごとの第4又は第5の方策に係る歳入及び歳出に関する計画

資料3　財政健全化計画書，財政再生計画書，経営健全化計画書

第7　各年度ごとの健全化判断比率の見通し

(単位：%)

健全化判断比率＼年度	計画初年度の前年度	計画初年度（平成　年度）	平成　年度（第　年度）	以降計画完了の年度まで左の欄に同じ
実質赤字比率	(　　)	(　　)		
連結実質赤字比率	(　　)	(　　)		
実質公債費比率	(　　)	(　　)		
将来負担比率	(　　)	(　　)		

備考　計画初年度の前年度及び計画初年度については，当該地方公共団体のの早期健全化基準を括弧内に記載すること。

第8　その他財政の早期健全化に必要な事項

財　政　再　生　計　画　書

（都道府県市町村名）

第１　再生判断比率が財政再生基準以上となった要因の分析

第２　計画期間
　　　　　平成　　年度から平成　　年度まで　　年間

第３　財政の再生の基本方針

第４　財政の再生に必要な計画及び歳入又は歳出の増減額

　１　事務及び事業の見直し，組織の合理化その他の歳出削減計画

　　　備考
　　　１　計画した措置ごとにその内容を具体的に記載するとともに，各措置により見込まれる計画期間中の歳出削減額の合計額及びそのうちの一般財源相当額を記載すること。
　　　２　会計ごとの取組が分かるように記載すること。

　２　地方税その他の収入の増徴計画

　　　備考
　　　１　計画した措置ごとにその内容を具体的に記載するとともに，各措置により見込まれる計画期間中の増収額の合計額及びそのうちの一般財源相当額を記載するこ

資料3　財政健全化計画書，財政再生計画書，経営健全化計画書

　　と。
　2　会計ごとの取組が分かるように記載すること。

3　地方税その他の収入で滞納に係るものの増収計画

　備考
　1　計画した措置ごとにその内容を具体的に記載するとともに，各措置により見込まれる計画期間中の増収額の合計額及びそのうちの一般財源相当額を記載すること。
　2　会計ごとの取組が分かるように記載すること。

4　使用料及び手数料の額の変更，財産の処分その他の歳入の増加計画

　備考
　1　計画した措置ごとにその内容を具体的に記載するとともに，各措置により見込まれる計画期間中の歳入の合計額及びそのうちの一般財源相当額を記載すること。
　2　会計ごとの取組が分かるように記載すること。

5　超過課税又は法定外普通税による地方税の増収計画

　備考
　1　計画の再生のため特に必要と認められる地方公共団体に限る。
　2　計画した措置ごとにその内容を具体的に記載するとともに，各措置により見込まれる計画期間中の増収額の合計額及びそのうちの一般財源相当額を記載すること。

第5　歳入歳出年次総合計画

1　一般会計等の実質収支
　(1)　一般会計　　　　　　　　　　　　　　　　　　　　　　　　（単位：　　）

区分＼年度	計画初年度の前年度（平成　年度）		平成　年度（第　年度）			以降計画完了の年度まで左の欄に同じ
歳　入	歳入額	一般財源	歳入額	一般財源	一般財源の前年度対比増減額	
1　地　方　税						
2　地方譲与税						
3　地方交付税 ・ ・						
歳入計						
歳　出	歳入額	一般財源	歳入額	一般財源	一般財源の前年度対比増減額	以降計画完了の年度まで左の欄に同じ
1　人　件　費						
2　物　件　費						
3　維持補修費 ・ ・						
歳出計						
歳入歳出差引計　A						
翌年度へ繰り越すべき財源　B						
実質収支額（A－B）　C						
Cのうち地方自治法第233条の2の規定による基金繰入額						

資料3　財政健全化計画書，財政再生計画書，経営健全化計画書

(2) 特別会計（特別会計のうち法第2条第1号イロハに掲げる以外のもの）
（特別会計の名称）　　　　　　　　　　　　　　　　　　　　（単位：　　）

区分＼年度	計画初年度の前年度（平成　年度）		平成　年度（第　年度）			以降計画完了の年度まで左の欄に同じ
歳　入	歳入額	一般財源	歳入額	一般財源	一般財源の前年度対比増減額	
歳入計						
歳　出	歳入額	一般財源	歳入額	一般財源	一般財源の前年度対比増減額	以降計画完了の年度まで左の欄に同じ
歳出計						

(3) 一般会計等の実質収支　　　　　　　　　　　　　　　　　（単位：　　）

区分＼年度	計画初年度の前年度（平成　年度）	平成　年度（第　年度）	以降計画完了の年度まで左の欄に同じ
歳入歳出差引額　A			
翌年度へ繰り越すべき財源　B			
実質収支額（A－B）C			
Cのうち地方自治法第233条の2の規定による基金繰入額			
実質赤字比率（％）			

備考　（省略）

2　連結実質収支

(単位：　　)

区分 \ 年度	計画初年度の前年度 （平成　年度）	平成　年度 （第　年度）	以降計画完了の年度 まで左の欄に同じ
(1)　一般会計等の実質収支A			
(2)　(1)及び(3)以外の特別会計の実質赤字額　B			
（　　）会計			
歳入			
歳出			
実質収支			
(3)　公営企業会計の資金不足額　C			
（　　）会計 　　　　法適用企業			
収益的収支			
収益的収支　当年度純利益（純損失）			
資本的収支			
資本的収支　資本的収支差引額			
資金不足額　流動負債の額 （令第3条第1項第1号イ）			
資金不足額　流動資産の額 （令第3条第1項第1号ハ）			
資金不足額　建設改良費等以外の経費の財源に充てた地方債の現在高			
資金不足額　解消可能資金不足額			
資金不足額　資金不足額			

資料3　財政健全化計画書，財政再生計画書，経営健全化計画書

	（　　　）会計 （法非適用企業）				
収益的収支					
	当年度純利益（純損失）				
資本的収支					
	資本的収支差引額				
資金不足額	流動負債の額 （令第3条第1項第1号イ）				
	流動資産の額 （令第3条第1項第1号ハ）				
	建設改良費等以外の経費の財源に充てた地方債の現在高				
	解消可能資金不足額				
	資金不足額				
(4)　(1)及び(3)以外の特別会計の実質黒字額　D					
	（　　　）会計				
	（　　　）会計				
(5)　公営企業会計の資金剰余額　E					
	（　　　）会計				
	（　　　）会計				
連結実質赤字額 (A＋B；＋C)－(D＋F)　F					
標準財政規模　G					
連結実質赤字比率 F／G（％）					

備考（省略）

3　実質公債費比率

(単位：千円)

年度 区分	計画初年度の前年度 （平成　年度）	平成　　年度 （第　年度）	以降計画完了の年度 まで左の欄に同じ
(1)　地方債の元利償還金			
(2)　準元利償還金			
(3)　元利償還金又は準元利償還金に充てられる特定財源			
(4)　算入公債費及び算入準公債費の額			
(5)　標準財政規模			

(単位：％)

(6)　実質公債費比率 （単年度）			
(7)　実質公債費比率 （3か年の平均）			

備考（省略）

4　将来負担比率

(単位：千円)

年度 区分	計画初年度の前年度 （平成　年度）	平成　　年度 （第　年度）	以降計画完了の年度 まで左の欄に同じ
(1)　一般会計等に係る地方債の現在高			
(2)　債務負担行為の基づく支出予定額			
(3)　一般会計等以外の特別会計に係る地方債の償還に充てるための一般会計等からの繰入れ見込額			
・ ・ ・			
(12)　標準財政規模			

資料3　財政健全化計画書，財政再生計画書，経営健全化計画書

(13) 算入公債費及び算入準公債費の額			

(単位：％)

(14) 将来負担比率			

備考（省略）

第6　再生振替特例債の各年度ごとの償還額

借入額　　　　　　　千円
利　率　　　年　　　％

(単位：千円)

区分＼年度	発行初年度 （平成　年度）	平成　年度 （第　年度）	以降計画完了の年度 まで左の欄に同じ	計
前年度未償還元金				
償還額				
元　金				
利　子				
未償還元金				

備考（省略）

第7　各年度ごとの健全化判断比率の見通し

(単位：％)

健全化判断比率＼年度	計画初年度の前年度 （平成　年度）	計画初年度の前年度 （平成　年度）	平成　年度 （第　年度）	以降計画完了の年度 まで左の欄に同じ
実質赤字比率				
連結実質赤字比率				
実質公債費比率				
将来負担比率				

備考（省略）

第8　その他財政の再生に必要な事項

経 営 健 全 化 計 画 書

(都道府県市町村名)
(特別会計名)

第1 資金不足比率が経営健全化基準以上となった要因の分析

第2 計画期間
　　　　平成　　年度から平成　　年度まで　　年間

第3 経営の健全化の基本方針

第4 資金不足比率を経営健全化基準未満とするための方策

第5 各年度ごとの第4の方策に係る収入及び支出に関する計画

第6 各年度ごとの資金不足比率の見通し

(単位：％)

資金不足比率＼年度	計画初年度の前年度	計画初年度(平成　年度)	平成　年度(第　年度)	以降計画完了の年度まで左の欄に同じ
資金不足比率				

第7 その他経営の健全化に必要な事項

〔資料4〕

地方公共団体の財政の健全化に関する法律

$$\left(\begin{array}{l}\text{平成19年6月22日法律第94号}\\ \text{最終改正：平成19年7月6日法律第109号}\end{array}\right)$$

第1章　総則（第1条―第3条）
第2章　財政の早期健全化（第4条―第7条）
第3章　財政の再生（第8条―第21条）
第4章　公営企業の経営の健全化（第22条―第24条）
第5章　雑則（第25条―第29条）
附則

第1章　総則

（目的）

第1条　この法律は，地方公共団体の財政の健全性に関する比率の公表の制度を設け，当該比率に応じて，地方公共団体が財政の早期健全化及び財政の再生並びに公営企業の経営の健全化を図るための計画を策定する制度を定めるとともに，当該計画の実施の促進を図るための行財政上の措置を講ずることにより，地方公共団体の財政の健全化に資することを目的とする。

（定義）

第2条　この法律において，次の各号に掲げる用語の意義は，当該各号に定めるところによる。

一　実質赤字比率　地方公共団体（都道府県，市町村及び特別区に限る。以下この章から第3章までにおいて同じ。）の当該年度の前年度の歳入（一般会計及び特別会計のうち次に掲げるもの以外のもの（以下「一般会計等」という。）に係る歳入で，一般会計等の相互間の重複額を控除した純計によるものをいう。以下この号において同じ。）が歳出（一般会計等に係る歳出で，一般会計等の相互間の重複額を控除した純計によるものをいう。以下この号において同じ。）に不足するため当該年度の歳入を繰り上げてこれに充てた額並びに実質上当該年度の前年度の歳入が歳出に不足するため，当該年度の前年度に支払うべき債務でその支払を当該年度に繰り延べた額及び当該年度の前年度に執行すべき事業に係る歳出に係る予算の額で当該年度に繰り越した額の合算額（以下「実質赤字額」という。）を当該年度の前年度の地方財政法（昭和23年法律第109号）第5条の4第1項第2号に規定する標準的な規模の収入の額として

145

政令で定めるところにより算定した額（以下「標準財政規模の額」という。）で除して得た数値
　　イ　地方公営企業法（昭和27年法律第292号）第２条の規定により同法の規定の全部又は一部を適用する企業（以下「法適用企業」という。）に係る特別会計
　　ロ　地方財政法第６条に規定する政令で定める公営企業のうち法適用企業以外のもの（次号において「法非適用企業」という。）に係る特別会計
　　ハ　イ及びロに掲げるもののほか，政令で定める特別会計
　二　連結実質赤字比率　地方公共団体の連結実質赤字額（イ及びロに掲げる額の合算額がハ及びニに掲げる額の合算額を超える場合における当該超える額をいう。第４号において同じ。）を当該年度の前年度の標準財政規模の額で除して得た数値
　　イ　一般会計又は公営企業（法適用企業及び法非適用企業をいう。以下同じ。）に係る特別会計以外の特別会計ごとの当該年度の前年度の決算において，当該年度の前年度の歳入が歳出に不足するため当該年度の歳入を繰り上げてこれに充てた額並びに実質上当該年度の前年度の歳入が歳出に不足するため，当該年度の前年度に支払うべき債務でその支払を当該年度に繰り延べた額及び当該年度の前年度に執行すべき事業に係る歳出に係る予算の額で当該年度に繰り越した額の合算額がある場合にあっては，当該合算額を合計した額
　　ロ　公営企業に係る特別会計ごとの当該年度の前年度の決算において，政令で定めるところにより算定した資金の不足額がある場合にあっては，当該資金の不足額を合計した額
　　ハ　一般会計又は公営企業に係る特別会計以外の特別会計ごとの当該年度の前年度の決算において，歳入額（当該年度に繰り越して使用する経費に係る歳出の財源に充てるために繰り越すべき金額を除く。）が歳出額を超える場合にあっては，当該超える額を合計した額
　　ニ　公営企業に係る特別会計ごとの当該年度の前年度の決算において，政令で定めるところにより算定した資金の剰余額がある場合にあっては，当該資金の剰余額を合計した額
　三　実質公債費比率　地方公共団体の地方財政法第５条の４第１項第２号に規定する地方債の元利償還金（以下この号において「地方債の元利償還金」という。）の額と同項第２号に規定する準元利償還金（以下この号において「準元利償還金」という。）の額との合算額から地方債の元利償還金又は準元利償還金の財源に充当することのできる特定の歳入に相当する金額と地方交付税法（昭和25年法律第211号）の定めるところにより地方債の元利償還金及び準元利償還金に係る経費として普通交付税の額の算定に用いる基準財政需要額に算入される額として総務省令で定めるところにより算

資料 4　地方公共団体の財政の健全化に関する法律

定した額（特別区にあっては，これに相当する額として総務大臣が定める額とする。以下この号及び次号において「算入公債費等の額」という。）との合算額を控除した額を標準財政規模の額から算入公債費等の額を控除した額で除して得た数値で当該年度前 3 年度内の各年度に係るものを合算したものの 3 分の 1 の数値
四　将来負担比率　地方公共団体のイからチまでに掲げる額の合算額がリからルまでに掲げる額の合算額を超える場合における当該超える額を当該年度の前年度の標準財政規模の額から算入公債費等の額を控除した額で除して得た数値
　　イ　当該年度の前年度末における一般会計等に係る地方債の現在高
　　ロ　当該年度の前年度末における地方自治法（昭和22年法律第67号）第214条に規定する債務負担行為（ヘに規定する設立法人以外の者のために債務を負担する行為を除く。）に基づく支出予定額（地方財政法第 5 条各号に規定する経費その他の政令で定める経費の支出に係るものとして総務省令で定めるところにより算定した額に限る。）
　　ハ　当該年度の前年度末までに起こした一般会計等以外の特別会計に係る地方債の元金の償還に充てるため，一般会計等からの繰入れが必要と見込まれる金額の合計額として総務省令で定めるところにより算定した額
　　ニ　当該年度の前年度末までに当該地方公共団体が加入する地方公共団体の組合又は当該地方公共団体が設置団体である地方開発事業団が起こした地方債の元金の償還に充てるため，当該地方公共団体による負担又は補助が必要と見込まれる金額の合計額として総務省令で定めるところにより算定した額
　　ホ　当該年度の前年度の末日における当該地方公共団体の職員（地方自治法第204条第 1 項の職員をいい，都道府県にあっては市町村立学校職員給与負担法（昭和23年法律第135号）第 1 条及び第 2 条に規定する職員を含み，市町村及び特別区にあっては当該職員を除く。）の全員が同日において自己の都合により退職するものと仮定した場合に支給すべき退職手当の額のうち，当該地方公共団体の一般会計等において実質的に負担することが見込まれるものとして総務省令で定めるところにより算定した額
　　ヘ　当該年度の前年度末における当該地方公共団体が単独で又は他の地方公共団体と共同して設立した法人で政令で定めるもの（以下この号において「設立法人」という。）の負債の額及び当該地方公共団体が設立法人以外の者のために債務を負担している場合における当該債務の額のうち，これらの者の財務内容その他の経営の状況を勘案して当該地方公共団体の一般会計等において実質的に負担することが見込まれるものとして総務省令で定めるところにより算定した額
　　ト　連結実質赤字額

チ　当該年度の前年度末における当該地方公共団体が加入する地方公共団体の組合又は当該地方公共団体が設置団体である地方開発事業団の連結実質赤字額に相当する額のうち、当該地方公共団体の一般会計等において実質的に負担することが見込まれるものとして総務省令で定めるところにより算定した額
　　リ　イに規定する地方債の償還額又はロからヘまでに掲げる額に充てることができる地方自治法第241条の基金として総務省令で定めるものの当該年度の前年度末における残高の合計額
　　ヌ　イに規定する地方債の償還額又はロからニまでに掲げる額に充てることができる特定の歳入の見込額に相当する額として総務省令で定めるところにより算定した額
　　ル　地方交付税法の定めるところにより、イに規定する地方債の償還、ロに規定する債務負担行為に基づく支出、ハに規定する一般会計等からの繰入れ又はニに規定する地方公共団体による負担若しくは補助に要する経費として普通交付税の額の算定に用いる基準財政需要額に算入されることが見込まれる額として総務省令で定めるところにより算定した額（特別区にあっては、これに相当する額として総務大臣が定める額とする。）
　五　早期健全化基準　財政の早期健全化（地方公共団体が、財政収支が不均衡な状況その他の財政状況が悪化した状況において、自主的かつ計画的にその財政の健全化を図ることをいう。以下同じ。）を図るべき基準として、実質赤字比率、連結実質赤字比率、実質公債費比率及び将来負担比率のそれぞれについて、政令で定める数値をいう。
　六　財政再生基準　財政の再生（地方公共団体が、財政収支の著しい不均衡その他の財政状況の著しい悪化により自主的な財政の健全化を図ることが困難な状況において、計画的にその財政の健全化を図ることをいう。以下同じ。）を図るべき基準として、実質赤字比率、連結実質赤字比率及び実質公債費比率のそれぞれについて、早期健全化基準の数値を超えるものとして政令で定める数値をいう。

（健全化判断比率の公表等）

第3条　地方公共団体の長は、毎年度、前年度の決算の提出を受けた後、速やかに、実質赤字比率、連結実質赤字比率、実質公債費比率及び将来負担比率（以下「健全化判断比率」という。）並びにその算定の基礎となる事項を記載した書類を監査委員の審査に付し、その意見を付けて当該健全化判断比率を議会に報告し、かつ、当該健全化判断比率を公表しなければならない。

2　前項の規定による意見の決定は、監査委員の合議によるものとする。

3　地方公共団体の長は、第1項の規定により公表した健全化判断比率を、速やかに、都道府県及び地方自治法第252条の19第1項の指定都市（以下「指定都市」という。）の長にあっては総務大臣に、指定都市を除く市町村（第29条を除き、以下「市町村」とい

資料4　地方公共団体の財政の健全化に関する法律

う。）及び特別区の長にあっては都道府県知事に報告しなければならない。この場合において，当該報告を受けた都道府県知事は，速やかに，当該健全化判断比率を総務大臣に報告しなければならない。
4　都道府県知事は，毎年度，前項前段の規定による報告を取りまとめ，その概要を公表するものとする。
5　総務大臣は，毎年度，第3項の規定による報告を取りまとめ，その概要を公表するものとする。
6　地方公共団体は，健全化判断比率の算定の基礎となる事項を記載した書類をその事務所に備えて置かなければならない。
7　包括外部監査対象団体（地方自治法第252条の36第1項に規定する包括外部監査対象団体をいう。以下同じ。）においては，包括外部監査人（同法第252条の29に規定する包括外部監査人をいう。以下同じ。）は，同法第252条の37第1項の規定による監査のため必要があると認めるときは，第1項の規定により公表された健全化判断比率及びその算定の基礎となる事項を記載した書類について調査することができる。

　　　　第2章　財政の早期健全化
（財政健全化計画）
第4条　地方公共団体は，健全化判断比率のいずれかが早期健全化基準以上である場合（当該健全化判断比率のいずれかが財政再生基準以上である場合を除く。）には，当該健全化判断比率を公表した年度の末日までに，当該年度を初年度とする財政の早期健全化のための計画（以下「財政健全化計画」という。）を定めなければならない。ただし，この項の規定により既に財政健全化計画を定めている場合，第8条第1項の規定により同項の財政再生計画を定めている場合その他政令で定める場合は，この限りでない。
2　財政健全化計画は，財政の状況が悪化した要因の分析の結果を踏まえ，財政の早期健全化を図るため必要な最小限度の期間内に，実質赤字額がある場合にあっては一般会計等における歳入と歳出との均衡を実質的に回復することを，連結実質赤字比率，実質公債費比率又は将来負担比率が早期健全化基準以上である場合にあってはそれぞれの比率を早期健全化基準未満とすることを目標として，次に掲げる事項について定めるものとする。
　一　健全化判断比率が早期健全化基準以上となった要因の分析
　二　計画期間
　三　財政の早期健全化の基本方針
　四　実質赤字額がある場合にあっては，一般会計等における歳入と歳出との均衡を実質的に回復するための方策

五　連結実質赤字比率，実質公債費比率又は将来負担比率が早期健全化基準以上である場合にあっては，それぞれの比率を早期健全化基準未満とするための方策
　六　各年度ごとの前2号の方策に係る歳入及び歳出に関する計画
　七　各年度ごとの健全化判断比率の見通し
　八　前各号に掲げるもののほか，財政の早期健全化に必要な事項
3　財政健全化計画は，その達成に必要な各会計ごとの取組が明らかになるよう定めなければならない。

（財政健全化計画の策定手続等）
第5条　財政健全化計画は，地方公共団体の長が作成し，議会の議決を経て定めなければならない。財政健全化計画を変更する場合も，同様とする。
2　地方公共団体は，財政健全化計画を定めたときは，速やかに，これを公表するとともに，都道府県及び指定都市にあっては総務大臣に，市町村及び特別区にあっては都道府県知事に，報告しなければならない。この場合において，当該報告を受けた都道府県知事は，速やかに，当該財政健全化計画の概要を総務大臣に報告しなければならない。
3　前項の規定は，財政健全化計画を変更した場合（政令で定める軽微な変更をした場合を除く。）について準用する。
4　都道府県知事は，毎年度，第2項前段（前項において準用する場合を含む。）の規定による報告を取りまとめ，その概要を公表するものとする。
5　総務大臣は，毎年度，第2項（第3項において準用する場合を含む。）の規定による報告を取りまとめ，その概要を公表するものとする。

（財政健全化計画の実施状況の報告等）
第6条　財政健全化計画を定めている地方公共団体（以下「財政健全化団体」という。）の長は，毎年9月30日までに，前年度における決算との関係を明らかにした財政健全化計画の実施状況を議会に報告し，かつ，これを公表するとともに，都道府県及び指定都市の長にあっては総務大臣に，市町村及び特別区の長にあっては都道府県知事に当該財政健全化計画の実施状況を報告しなければならない。この場合において，当該報告を受けた都道府県知事は，速やかに，その要旨を総務大臣に報告しなければならない。
2　都道府県知事は，毎年度，前項前段の規定による報告を取りまとめ，その概要を公表するものとする。
3　総務大臣は，毎年度，第1項の規定による報告を取りまとめ，その概要を公表するものとする。

（国等の勧告等）
第7条　総務大臣又は都道府県知事は，前条第1項前段の規定による報告を受けた財政健全化団体の財政健全化計画の実施状況を踏まえ，当該財政健全化団体の財政の早期健全

資料4　地方公共団体の財政の健全化に関する法律

化が著しく困難であると認められるときは，当該財政健全化団体の長に対し，必要な勧告をすることができる。
2　総務大臣は，前項の勧告をしたときは，速やかに，当該勧告の内容を公表するものとする。
3　都道府県知事は，第1項の勧告をしたときは，速やかに，当該勧告の内容を公表するとともに，総務大臣に報告しなければならない。
4　財政健全化団体の長は，第1項の勧告を受けたときは，速やかに，当該勧告の内容を当該財政健全化団体の議会に報告するとともに，監査委員（包括外部監査対象団体である財政健全化団体にあっては，監査委員及び包括外部監査人）に通知しなければならない。

第3章　財政の再生
（財政再生計画）
第8条　地方公共団体は，実質赤字比率，連結実質赤字比率及び実質公債費比率（以下「再生判断比率」という。）のいずれかが財政再生基準以上である場合には，当該再生判断比率を公表した年度の末日までに，当該年度を初年度とする財政の再生のための計画（以下「財政再生計画」という。）を定めなければならない。ただし，この項の規定により既に財政再生計画を定めている場合は，この限りでない。
2　財政健全化団体が前項の規定により財政再生計画を定めたときは，当該財政健全化団体の財政健全化計画は，その効力を失う。
3　財政再生計画は，財政の状況が著しく悪化した要因の分析の結果を踏まえ，財政の再生を図るため必要な最小限度の期間内に，実質赤字額がある場合にあっては一般会計等における歳入と歳出との均衡を実質的に回復することを，連結実質赤字比率，実質公債費比率又は将来負担比率が早期健全化基準以上である場合にあってはそれぞれの比率を早期健全化基準未満とすることを，第12条第2項に規定する再生振替特例債を起こす場合にあっては当該再生振替特例債の償還を完了することを目標として，次に掲げる事項について定めるものとする。ただし，第4号ホに掲げる事項については，財政の再生のため特に必要と認められる地方公共団体に限る。
一　再生判断比率が財政再生基準以上となった要因の分析
二　計画期間
三　財政の再生の基本方針
四　次に掲げる計画（ロ及びハに掲げる計画にあっては，実施の要領を含む。次号において同じ。）及びこれに伴う歳入又は歳出の増減額
　イ　事務及び事業の見直し，組織の合理化その他の歳出の削減を図るための措置に関

する計画
　　　ロ　当該年度以降の年度分の地方税その他の収入について，その徴収成績を通常の成績以上に高めるための計画
　　　ハ　当該年度の前年度以前の年度分の地方税その他の収入で滞納に係るものの徴収計画
　　　ニ　使用料及び手数料の額の変更，財産の処分その他の歳入の増加を図るための措置に関する計画
　　　ホ　地方税法（昭和25年法律第226号）第4条第2項若しくは第5条第2項に掲げる普通税について標準税率を超える税率で課し，又は同法第4条第3項若しくは第5条第3項の規定による普通税を課することによる地方税の増収計画
　　五　前号の計画及びこれに伴う歳入又は歳出の増減額を含む各年度ごとの歳入及び歳出に関する総合的な計画
　　六　第12条第2項に規定する再生振替特例債を起こす場合には，当該再生振替特例債の各年度ごとの償還額
　　七　各年度ごとの健全化判断比率の見通し
　　八　前各号に掲げるもののほか，財政の再生に必要な事項
４　財政再生計画は，その達成に必要な各会計ごとの取組が明らかになるよう定めなければならない。

（財政再生計画の策定手続等）
第９条　財政再生計画は，地方公共団体の長が作成し，議会の議決を経て定めなければならない。財政再生計画を変更する場合も，同様とする。
２　地方公共団体は，財政再生計画を定めたときは，速やかに，これを公表するとともに，総務大臣に（市町村及び特別区にあっては，都道府県知事を経由して総務大臣に）報告しなければならない。
３　前項の規定は，財政再生計画を変更した場合（政令で定める軽微な変更をした場合を除く。）について準用する。
４　財政再生計画を定めている地方公共団体（以下「財政再生団体」という。）の長は，財政再生計画に基づいて予算を調製しなければならない。

（財政再生計画の同意）
第10条　地方公共団体は，財政再生計画について，議会の議決を経て，総務大臣に（市町村及び特別区にあっては，都道府県知事を通じて総務大臣に）協議し，その同意を求めることができる。
２　総務大臣は，財政再生計画について同意をするかどうかを判断するための基準を定め，これを公表するものとする。

資料4　地方公共団体の財政の健全化に関する法律

3　総務大臣は，第1項の規定による協議を受けた財政再生計画が，前項の基準に照らして適当なものであると認められるときは，これに同意するものとする。
4　総務大臣は，第2項の基準の作成及び前項の同意については，地方財政審議会の意見を聴かなければならない。
5　地方公共団体は，第3項の同意を得たときは，速やかに，その旨を公表しなければならない。
6　地方公共団体は，第3項の同意を得ている財政再生計画を変更しようとするときは，あらかじめ，総務大臣に協議し，その同意を得なければならない。ただし，災害その他緊急やむを得ない理由により，あらかじめ，総務大臣に協議し，その同意を得る時間的余裕がないときは，事後において，遅滞なく，その変更について総務大臣に協議し，その同意を得なければならない。
7　第2項から第5項までの規定は，前項の変更の同意について準用する。

（地方債の起債の制限）
第11条　地方公共団体は，再生判断比率のいずれかが財政再生基準以上であり，かつ，前条第3項（同条第7項において準用する場合を含む。以下同じ。）の同意を得ていないときは，地方財政法その他の法律の規定にかかわらず，地方債をもってその歳出の財源とすることができない。ただし，災害復旧事業費の財源とする場合その他の政令で定める場合においては，この限りでない。

（再生振替特例債）
第12条　財政再生団体は，その財政再生計画につき第10条第3項の同意を得ている場合に限り，収支不足額（標準財政規模の額に，実質赤字比率と連結実質赤字比率から連結実質赤字比率について早期健全化基準として定める数値を控除して得た数値とのいずれか大きい数値を乗じて得た額を基準として総務省令で定める額をいう。）を地方債に振り替えることによって，当該収支不足額を財政再生計画の計画期間内に計画的に解消するため，地方財政法第5条の規定にかかわらず，当該収支不足額の範囲内で，地方債を起こすことができる。
2　前項の地方債（当該地方債の借換えのために要する経費の財源に充てるために起こす地方債を含む。次項において「再生振替特例債」という。）は，財政再生計画の計画期間内に償還しなければならない。
3　国は，再生振替特例債については，法令の範囲内において，資金事情の許す限り，適切な配慮をするものとする。

（地方債の起債の許可）
第13条　財政再生団体及び財政再生計画を定めていない地方公共団体であって再生判断比率のいずれかが財政再生基準以上である地方公共団体は，地方債を起こし，又は起債の

方法，利率若しくは償還の方法を変更しようとする場合は，政令で定めるところにより，総務大臣の許可を受けなければならない。この場合においては，地方財政法第５条の３第１項の規定による協議をすること並びに同法第５条の４第１項及び第３項から第５項までに規定する許可を受けることを要しない。

2 　財政再生計画につき第10条第３項の同意を得ている財政再生団体についての前項の許可は，当該財政再生計画に定める各年度ごとの歳入に関する計画その他の地方債に関連する事項及び当該財政再生計画の実施状況を勘案して行うものとする。

3 　地方財政法第５条の３第３項の規定は，第１項に規定する許可を得た地方債について，同条第４項の規定は，第１項に規定する許可を得た地方債に係る元利償還に要する経費について準用する。

4 　総務大臣は，第１項の総務大臣の許可については，地方財政審議会の意見を聴かなければならない。

（財政再生団体に係る通知等）

第14条　総務大臣は，第９条第２項の規定により財政再生計画の報告を受けたときは，速やかに，当該財政再生計画を定めた地方公共団体の名称を各省各庁の長（財政法（昭和22年法律第34号）第20条第２項に規定する各省各庁の長をいう。以下この条において同じ。）に通知しなければならない。

2 　各省各庁の長は，土木事業その他の政令で定める事業を財政再生団体に負担金を課して国が直轄で行おうとするときは，当該事業の実施に着手する前（年度を分けて実施する場合にあっては，年度ごとの事業の実施に着手する前）に，あらかじめ，当該事業に係る経費の総額及び当該財政再生団体の負担額を総務大臣に通知しなければならない。当該事業の事業計画の変更により財政再生団体の負担額に著しい変更を生ずる場合も，同様とする。

3 　総務大臣は，前項の規定による通知を受けた場合において当該通知に係る事項が財政再生計画に与える影響を勘案して必要と認めるときは，各省各庁の長に対し，意見を述べることができる。

（財政再生計画についての公表）

第15条　総務大臣は，毎年度，第９条第２項（同条第３項において準用する場合を含む。）の規定により報告を受けた財政再生計画の内容並びに第10条第１項及び第６項の規定による協議の結果を公表するものとする。

（事務局等の組織の簡素化）

第16条　財政再生団体は，財政再生計画で定めるところにより，当該財政再生団体の長の補助機関である職員を，当該財政再生団体の議会若しくは当該財政再生団体に執行機関として置かれる委員会及び委員並びに当該委員会の管理に属する機関（以下この条にお

資料4　地方公共団体の財政の健全化に関する法律

いて「委員会等」という。）の事務を補助する職員と兼ねさせ，若しくは当該議会若しくは委員会等の事務を補助する職員に充て，又は当該議会若しくは委員会等の事務に従事させることができる。
（長と議会との関係）
第17条　地方公共団体の議会の議決が次に掲げる場合に該当するときは，当該地方公共団体の長は，地方自治法第176条及び第177条の規定によるもののほか，それぞれ当該議決があった日から起算して10日以内に，理由を示してこれを再議に付することができる。
　一　財政再生計画の策定又は変更に関する議案を否決したとき。
　二　第10条第１項の規定による協議に関する議案を否決したとき。
　三　財政再生計画の達成ができなくなると認められる議決をしたとき。
（財政再生計画の実施状況の報告等）
第18条　財政再生団体の長は，毎年９月30日までに，前年度における決算との関係を明らかにした財政再生計画の実施状況を議会に報告し，かつ，これを公表するとともに，総務大臣に（市町村及び特別区の長にあっては，都道府県知事を経由して総務大臣に）当該財政再生計画の実施状況を報告しなければならない。
２　総務大臣は，毎年度，前項の報告を取りまとめ，その概要を公表するものとする。
（財政再生計画の実施状況の調査等）
第19条　総務大臣は，必要に応じ，財政再生計画の実施状況について調査し，又は報告を求めることができる。
（国の勧告等）
第20条　総務大臣は，財政再生団体の財政の運営がその財政再生計画に適合しないと認められる場合その他財政再生団体の財政の再生が困難であると認められる場合においては，当該財政再生団体の長に対し，予算の変更，財政再生計画の変更その他必要な措置を講ずることを勧告することができる。
２　財政再生団体の長は，前項の規定による勧告を受けたときは，速やかに，当該勧告の内容を当該財政再生団体の議会に報告するとともに，監査委員（包括外部監査対象団体である財政再生団体にあっては，監査委員及び包括外部監査人）に通知しなければならない。
３　第１項の規定による勧告を受けた財政再生団体の長は，当該勧告に基づいて講じた措置について，総務大臣に報告しなければならない。
４　総務大臣は，前項の規定による報告を受けたときは，速やかに，当該報告の内容を公表するものとする。
（国及び他の地方公共団体の配慮）
第21条　国及び他の地方公共団体は，財政再生団体が財政再生計画を円滑に実施すること

ができるよう配慮するものとする。

第4章　公営企業の経営の健全化
（資金不足比率の公表等）
第22条　公営企業を経営する地方公共団体の長は，毎年度，当該公営企業の前年度の決算の提出を受けた後，速やかに，資金不足比率及びその算定の基礎となる事項を記載した書類を監査委員の審査に付し，その意見を付けて当該資金不足比率を議会に報告し，かつ，当該資金不足比率を公表しなければならない。
2　前項に規定する「資金不足比率」とは，公営企業ごとに，政令で定めるところにより算定した当該年度の前年度の資金の不足額を政令で定めるところにより算定した当該年度の前年度の事業の規模で除して得た数値をいう。
3　第3条第2項から第7項までの規定は，資金不足比率について準用する。

（経営健全化計画）
第23条　地方公共団体は，公営企業（事業を開始する前の公営企業を除き，法適用企業にあっては，繰越欠損金があるものに限る。）の資金不足比率が公営企業の経営の健全化を図るべき基準として政令で定める数値（以下「経営健全化基準」という。）以上である場合には，当該公営企業について，当該資金不足比率を公表した年度の末日までに，当該年度を初年度とする公営企業の経営の健全化のための計画（以下「経営健全化計画」という。）を定めなければならない。ただし，この項の規定により既に当該公営企業について経営健全化計画を定めている場合その他政令で定める場合は，この限りでない。
2　経営健全化計画は，当該公営企業の経営の状況が悪化した要因の分析の結果を踏まえ，当該公営企業の経営の健全化を図るため必要な最小限度の期間内に，資金不足比率を経営健全化基準未満とすることを目標として，次に掲げる事項について定めるものとする。
　一　資金不足比率が経営健全化基準以上となった要因の分析
　二　計画期間
　三　経営の健全化の基本方針
　四　資金不足比率を経営健全化基準未満とするための方策
　五　各年度ごとの前号の方策に係る収入及び支出に関する計画
　六　各年度ごとの資金不足比率の見通し
　七　前各号に掲げるもののほか，経営の健全化に必要な事項

（準用）
第24条　第5条から第7条までの規定は，経営健全化計画について準用する。この場合において，第6条第1項並びに第7条第1項及び第4項中「財政健全化団体」とあるのは「経営健全化団体」と，同条第1項中「財政の早期健全化」とあるのは「公営企業の経

営の健全化」と読み替えるものとする。

第5章　雑則
（財政健全化計画又は財政再生計画と経営健全化計画との調整）
第25条　財政健全化団体又は財政再生団体である地方公共団体は，経営健全化計画を定めるに当たっては，当該経営健全化計画と当該財政健全化計画又は財政再生計画との整合性の確保を図らなければならない。

2　経営健全化計画を定めている地方公共団体（次条において「経営健全化団体」という。）は，財政健全化計画又は財政再生計画を定めるに当たっては，当該財政健全化計画又は財政再生計画と当該経営健全化計画との整合性の確保を図らなければならない。

（地方自治法の監査の特例）
第26条　財政健全化計画，財政再生計画又は経営健全化計画を定めなければならない地方公共団体の長は，これらの計画を定めるに当たっては，あらかじめ，当該地方公共団体の財政の健全化のために改善が必要と認められる事務の執行について，監査委員に対し，地方自治法第199条第6項の監査の要求をしなければならない。この場合においては，同法第252条の41第1項中「第199条第6項」とあるのは「地方公共団体の財政の健全化に関する法律（平成19年法律第94号）第26条第1項の規定に基づく第199条第6項」と，「監査委員の監査に代えて契約に基づく監査によることができることを条例により定める普通地方公共団体」とあるのは「同法の規定により財政健全化計画，財政再生計画又は経営健全化計画を定めなければならない地方公共団体」と，「同項の要求をする場合において，特に必要があると認めるときは，その理由を付して，併せて」とあるのは「同項の要求と併せて，理由を付して」と，「求めることができる」とあるのは「求めなければならない」と読み替えて，同法第2編第13章の規定を適用する。

2　財政健全化団体，財政再生団体又は経営健全化団体（以下この項において「財政健全化団体等」という。）が包括外部監査対象団体である場合にあっては，当該財政健全化団体等の包括外部監査人は，地方自治法第252条の37第1項の規定による監査をするに当たっては，同条第2項の規定によるほか，当該財政健全化団体等の財務に関する事務の執行及び当該財政健全化団体等の経営に係る事業の管理が財政の早期健全化，財政の再生又は公営企業の経営の健全化を図る観点から適切であるかどうかに，特に，意を用いなければならない。

（財政の早期健全化等が完了した団体の報告等）
第27条　財政健全化計画による財政の早期健全化が完了した地方公共団体の長は，財政健全化計画による財政の早期健全化が完了した年度の翌年度の9月30日までに，当該年度の前年度における決算との関係を明らかにした財政健全化計画の実施状況及び財政の早

期健全化が完了した後の当該地方公共団体の財政の運営の方針を記載した書類（以下この項において「財政健全化計画完了報告書」という。）を添えて，財政の早期健全化が完了した旨を議会に報告し，かつ，当該財政健全化計画完了報告書を公表するとともに，都道府県及び指定都市の長にあっては総務大臣に，市町村及び特別区の長にあっては都道府県知事に，当該財政健全化計画完了報告書を添えて財政の早期健全化が完了した旨を報告しなければならない。この場合において，当該報告を受けた都道府県知事は，速やかに，その要旨を総務大臣に報告しなければならない。

2　都道府県知事は，毎年度，前項前段の規定による報告を取りまとめ，その概要を公表するものとする。

3　総務大臣は，毎年度，第１項の規定による報告を取りまとめ，その概要を公表するものとする。

4　財政再生計画による財政の再生が完了した地方公共団体の長は，財政再生計画による財政の再生が完了した年度の翌年度の９月30日までに，当該年度の前年度における決算との関係を明らかにした財政再生計画の実施状況及び財政の再生が完了した後の当該地方公共団体の財政の運営の方針を記載した書類（以下この項において「財政再生計画完了報告書」という。）を添えて，財政の再生が完了した旨を議会に報告し，かつ，当該財政再生計画完了報告書を公表するとともに，総務大臣に(市町村及び特別区の長にあっては，都道府県知事を経由して総務大臣に)当該財政再生計画完了報告書を添えて，財政の再生が完了した旨を報告しなければならない。

5　総務大臣は，毎年度，前項の規定による報告を取りまとめ，その概要を公表するものとする。

6　第１項から第３項までの規定は，経営健全化計画について準用する。この場合において，第１項中「財政の早期健全化」とあるのは「公営企業の経営の健全化」と，「地方公共団体の財政の運営」とあるのは「公営企業の経営」と，「財政健全化計画完了報告書」とあるのは「経営健全化計画完了報告書」と読み替えるものとする。

（都道府県が処理する事務）
第28条　この法律に規定する総務大臣の権限に属する事務のうち市町村及び特別区に係るものの一部は，政令で定めるところにより，都道府県知事が行うこととすることができる。

（政令への委任）
第29条　この法律に定めるもののほか，市町村の廃置分合又は境界変更があった場合におけるこの法律の規定の適用その他この法律の施行に関し必要な事項は，政令で定める。

資料4　地方公共団体の財政の健全化に関する法律

　　　附　則　抄
（施行期日）
第1条　この法律は，平成21年4月1日から施行する。ただし，第2条，第3条及び第22条の規定は，公布の日から起算して1年を超えない範囲内において政令で定める日から施行する。
（適用区分）
第2条　第4条，第8条及び第23条の規定は，平成20年度以後の年度分の決算に基づき算定した実質赤字比率，連結実質赤字比率，実質公債費比率若しくは将来負担比率又は資金不足比率が早期健全化基準，財政再生基準又は経営健全化基準以上である場合について適用する。
（地方財政再建促進特別措置法の廃止）
第3条　地方財政再建促進特別措置法（昭和30年法律第195号）は，廃止する。
（地方財政再建促進特別措置法の廃止に伴う経過措置）
第4条　この法律の施行の際現に存する前条の規定による廃止前の地方財政再建促進特別措置法（以下「旧再建法」という。）第22条第2項の規定によりその例によることとされた旧再建法第2条第1項に規定する財政再建計画については，当該財政再建計画に係る地方公共団体が第4条又は第8条の規定により財政健全化計画又は財政再生計画を定めるまでの間は，なお従前の例による。この場合において，当該地方公共団体のうち再生判断比率のいずれかが財政再生基準以上である地方公共団体については，当該財政再生計画が定められるまでの間，第11条の規定は，適用しない。
（国等に対する寄附金等）
第5条　地方公共団体は，当分の間，国，独立行政法人（独立行政法人通則法（平成11年法律第103号）第2条第1項に規定する独立行政法人であって当該独立行政法人に対する国の出資の状況及び関与，当該独立行政法人の業務の内容その他の事情を勘案してこの条の規定を適用することが適当であるものとして政令で定めるものに限る。以下この条において同じ。）若しくは国立大学法人等（国立大学法人法（平成15年法律第112号）第2条第1項に規定する国立大学法人及び同条第3項に規定する大学共同利用機関法人をいう。以下この条において同じ。）又は日本郵政株式会社，郵便事業株式会社，郵便局株式会社，東日本高速道路株式会社，中日本高速道路株式会社，西日本高速道路株式会社，本州四国連絡高速道路株式会社，株式会社日本政策金融公庫，沖縄振興開発金融公庫若しくは日本年金機構（以下この条において「会社等」という。）に対し，寄附金，法律又は政令の規定に基づかない負担金その他これらに類するもの（これに相当する物品等を含む。以下この条において「寄附金等」という。）を支出してはならない。ただし，地方公共団体がその施設を国，独立行政法人若しくは国立大学法人等又は会社等に移管

しようとする場合その他やむを得ないと認められる政令で定める場合における国，独立行政法人若しくは国立大学法人等又は会社等と当該地方公共団体との協議に基づいて支出する寄附金等で，あらかじめ，総務大臣に協議し，その同意を得たものについては，この限りでない。

（国等に対する寄附金等に関する経過措置）
第6条 この法律の施行の日前に旧再建法第24条の規定によりされた同意又は協議の申出は，前条の規定によりされた同意又は協議の申出とみなす。

（地方債の起債の許可の特例）
第7条 平成21年度から平成27年度までの間における第13条第1項の規定の適用については，同項中「第5項まで」とあるのは，「第5項まで並びに第33条の8第1項」とする。

   附　則　（平成19年7月6日法律第109号）　抄

（施行期日）
第1条 この法律は，平成22年4月1日までの間において政令で定める日から施行する。ただし，次の各号に掲げる規定は，当該各号に定める日から施行する。
一　附則第3条から第6条まで，第8条，第9条，第12条第3項及び第4項，第29条並びに第36条の規定，附則第63条中健康保険法等の一部を改正する法律（平成18年法律第83号）附則第18条第1項の改正規定，附則第64条中特別会計に関する法律（平成19年法律第23号）附則第23条第1項，第67条第1項及び第191条の改正規定並びに附則第66条及び第75条の規定　公布の日

（処分，申請等に関する経過措置）
第73条 この法律（附則第1条各号に掲げる規定については，当該各規定。以下同じ。）の施行前に法令の規定により社会保険庁長官，地方社会保険事務局長又は社会保険事務所長（以下「社会保険庁長官等」という。）がした裁定，承認，指定，認可その他の処分又は通知その他の行為は，法令に別段の定めがあるもののほか，この法律の施行後は，この法律の施行後の法令の相当規定に基づいて，厚生労働大臣，地方厚生局長若しくは地方厚生支局長又は機構（以下「厚生労働大臣等」という。）がした裁定，承認，指定，認可その他の処分又は通知その他の行為とみなす。
2　この法律の施行の際現に法令の規定により社会保険庁長官等に対してされている申請，届出その他の行為は，法令に別段の定めがあるもののほか，この法律の施行後は，この法律の施行後の法令の相当規定に基づいて，厚生労働大臣等に対してされた申請，届出その他の行為とみなす。
3　この法律の施行前に法令の規定により社会保険庁長官等に対し報告，届出，提出その他の手続をしなければならないとされている事項で，施行日前にその手続がされていな

資料4　地方公共団体の財政の健全化に関する法律

いものについては，法令に別段の定めがあるもののほか，この法律の施行後は，これを，この法律の施行後の法令の相当規定により厚生労働大臣等に対して，報告，届出，提出その他の手続をしなければならないとされた事項についてその手続がされていないものとみなして，この法律の施行後の法令の規定を適用する。

4　なお従前の例によることとする法令の規定により，社会保険庁長官等がすべき裁定，承認，指定，認可その他の処分若しくは通知その他の行為又は社会保険庁長官等に対してすべき申請，届出その他の行為については，法令に別段の定めがあるもののほか，この法律の施行後は，この法律の施行後の法令の規定に基づく権限又は権限に係る事務の区分に応じ，それぞれ，厚生労働大臣等がすべきものとし，又は厚生労働大臣等に対してすべきものとする。

（罰則に関する経過措置）

第74条　この法律の施行前にした行為及びこの附則の規定によりなお従前の例によることとされる場合におけるこの法律の施行後にした行為に対する罰則の適用については，なお従前の例による。

（政令への委任）

第75条　この附則に定めるもののほか，この法律の施行に関し必要な経過措置は，政令で定める。

〔資料５〕

地方公共団体の財政の健全化に関する法律施行令

(平成19年12月28日政令第397号)

内閣は，地方公共団体の財政の健全化に関する法律（平成19年法律第94号）第２条第１号ハ，第２号ロ及びニ，第４号ロ及びヘ，第５号並びに第６号，第４条第１項ただし書，第５条第３項（同法第24条において準用する場合を含む。），第９条第３項，第11条ただし書，第13条第１項，第14条第２項，第22条第２項，第23条第１項，第28条，第29条並びに附則第５条の規定に基づき，この政令を制定する。

第１章　総則（第１条―第９条）
第２章　財政の早期健全化（第10条・第11条）
第３章　財政の再生（第12条―第15条）
第４章　公営企業の経営の健全化（第16条―第21条）
第５章　雑則（第22条―第27条）
附則

第１章　総則

（定義）

第１条　この政令において，「実質赤字比率」，「標準財政規模の額」，「法適用企業」，「法非適用企業」，「連結実質赤字比率」，「公営企業」，「実質公債費比率」，「将来負担比率」，「早期健全化基準」，「財政再生基準」，「健全化判断比率」，「指定都市」，「財政健全化計画」，「再生判断比率」，「財政再生計画」，「財政再生団体」，「再生振替特例債」，「資金不足比率」，「経営健全化基準」，「経営健全化計画」，「財政健全化計画完了報告書」又は「財政再生計画完了報告書」とは，それぞれ地方公共団体の財政の健全化に関する法律（以下「法」という。）第２条各号，第３条第１項若しくは第３項，第４条第１項，第８条第１項，第９条第４項，第12条第２項，第22条第２項，第23条第１項又は第27条第１項若しくは第４項に規定する実質赤字比率，標準財政規模の額，法適用企業，法非適用企業，連結実質赤字比率，公営企業，実質公債費比率，将来負担比率，早期健全化基準，財政再生基準，健全化判断比率，指定都市，財政健全化計画，再生判断比率，財政再生計画，財政再生団体，再生振替特例債，資金不足比率，経営健全化基準，経営健全化計画，財政健全化計画完了報告書又は財政再生計画完了報告書をいう。

資料5　地方公共団体の財政の健全化に関する法律施行令

（一般会計等に含まれない特別会計）
第2条　法第2条第1号ハに規定する政令で定める特別会計は，国民健康保険事業，介護保険事業，後期高齢者医療事業，農業共済事業その他事業の実施に伴う収入をもって当該事業に要する費用を賄うべきものとして総務省令で定める事業に係る特別会計とする。

（連結実質赤字比率の算定に用いる資金の不足額の算定方法）
第3条　法第2条第2号ロに規定する政令で定めるところにより算定した資金の不足額は，次の各号に掲げる特別会計の区分に応じ，当該各号に定める額とする。
一　宅地造成事業以外の事業を行う法適用企業に係る特別会計　イ及びロに掲げる額の合算額がハに掲げる額を超える場合において，その超える額
　イ　当該年度の前年度の末日における地方公営企業法施行令（昭和27年政令第403号）第15条第3項の流動負債の額（以下この条及び次条において「流動負債の額」という。）から同日における一時借入金又は未払金で公営企業の建設又は改良に要する経費（以下この条及び次条において「建設改良費」という。）に係るもののうちその支払に充てるため当該年度において地方債を起こすこととしているものの額及び同日における負債の額のうち連結実質赤字比率を適切に算定するために流動負債の額から控除すべき負債の額として総務省令で定める額の合算額を控除した額
　ロ　地方財政法施行令（昭和23年政令第267号）第19条第1項第2号に掲げる額
　ハ　当該年度の前年度の末日における地方公営企業法施行令第14条の流動資産の額（以下この条及び次条において「流動資産の額」という。）から当該年度の前年度において執行すべき事業に係る支出予算の額のうち当該年度に繰り越した事業の財源に充当することができる特定の収入で当該年度の前年度において収入された部分に相当する額及び同日における資産の額のうち連結実質赤字比率を適切に算定するために流動資産の額から控除すべき資産の額として総務省令で定める額の合算額を控除した額
二　宅地造成事業を行う法適用企業に係る特別会計　イ及びロに掲げる額の合算額がハに掲げる額を超える場合において，その超える額
　イ　当該年度の前年度の末日における流動負債の額から同日における一時借入金又は未払金で公営企業の建設改良費に係るもののうちその支払に充てるため当該年度において地方債を起こすこととしているものの額，同日における土地の売払代金としての前受金の額及び同日における負債の額のうち連結実質赤字比率を適切に算定するために流動負債の額から控除すべき負債の額として総務省令で定める額の合算額を控除した額
　ロ　地方財政法施行令第19条第1項第2号に掲げる額
　ハ　当該年度の前年度の末日における流動資産の額から当該年度の前年度において執

行すべき事業に係る支出予算の額のうち当該年度に繰り越した事業の財源に充当することができる特定の収入で当該年度の前年度において収入された部分に相当する額，同日における土地評価差額（販売を目的として所有する土地（売買契約の申込みの勧誘を行っていないものを除く。）を売却した場合に見込まれる収入の額として総務省令で定めるところにより算定した額（以下この条及び次条において「土地収入見込額」という。）が当該土地の帳簿価額に満たない場合における当該満たない部分の金額及び販売を目的として所有する土地であって売買契約の申込みの勧誘を行っていないものの帳簿価額の合算額をいう。次条において同じ。）及び同日における資産の額のうち連結実質赤字比率を適切に算定するために流動資産の額から控除すべき資産の額として総務省令で定める額の合算額を控除した額
- 三 宅地造成事業以外の事業を行う法非適用企業に係る特別会計　イ及びロに掲げる額の合算額がハに掲げる額を超える場合において，その超える額
  - イ　当該年度の前年度の決算における歳出額
  - ロ　地方財政法施行令第20条第1項第3号に掲げる額
  - ハ　当該年度の前年度の決算における歳入額（当該年度に繰り越して使用する経費に係る歳出の財源に充てるために繰り越すべき金額を除く。）
- 四 宅地造成事業を行う法非適用企業に係る特別会計　イ及びロに掲げる額の合算額がハ及びニに掲げる額の合算額を超える場合において，その超える額
  - イ　当該年度の前年度の決算における歳出額
  - ロ　地方財政法施行令第20条第1項第3号に掲げる額
  - ハ　当該年度の前年度の決算における歳入額（当該年度に繰り越して使用する経費に係る歳出の財源に充てるために繰り越すべき金額を除く。）
  - ニ　当該年度の前年度の末日における土地収入見込額

2　前項の規定により算定した資金の不足額の全部又は一部が，公営企業に係る施設の建設改良等（建設改良費及び建設改良費に準ずる経費として総務省令で定める経費をいう。）の財源に充てるために起こした地方債の元金償還金で当該年度の前年度までに償還されたものの合計額が当該施設に係る当該年度の前年度までの減価償却費の額の合計額を超えていることその他これに準ずる事由として総務省令で定める事由により生じているものであると認められる場合においては，同項の規定にかかわらず，法第2条第2号ロに規定する政令で定めるところにより算定した資金の不足額は，同項の規定により算定した額から，これらの事由により生じている資金の不足額として総務省令で定めるところにより算定した額を控除した額とする。

（連結実質赤字比率の算定に用いる資金の剰余額の算定方法）

第4条　法第2条第2号ニに規定する政令で定めるところにより算定した資金の剰余額は，

資料5　地方公共団体の財政の健全化に関する法律施行令

次の各号に掲げる特別会計の区分に応じ，当該各号に定める額とする。
一　宅地造成事業以外の事業を行う法適用企業に係る特別会計　イに掲げる額がロ及びハに掲げる額の合算額を超える場合において，その超える額
　　イ　当該年度の前年度の末日における流動資産の額から当該年度の前年度において執行すべき事業に係る支出予算の額のうち当該年度に繰り越した事業の財源に充当することができる特定の収入で当該年度の前年度において収入された部分に相当する額及び同日における資産の額のうち連結実質赤字比率を適切に算定するために流動資産の額から控除すべき資産の額として総務省令で定める額の合算額を控除した額
　　ロ　当該年度の前年度の末日における流動負債の額から同日における一時借入金又は未払金で公営企業の建設改良費に係るもののうちその支払に充てるため当該年度において地方債を起こすこととしているものの額及び同日における負債の額のうち連結実質赤字比率を適切に算定するために流動負債の額から控除すべき負債の額として総務省令で定める額の合算額を控除した額
　　ハ　地方財政法施行令第19条第1項第2号に掲げる額
二　宅地造成事業を行う法適用企業に係る特別会計　イに掲げる額がロからホまでに掲げる額の合算額を超える場合において，その超える額
　　イ　当該年度の前年度の末日における流動資産の額から当該年度の前年度において執行すべき事業に係る支出予算の額のうち当該年度に繰り越した事業の財源に充当することができる特定の収入で当該年度の前年度において収入された部分に相当する額，同日における土地評価差額及び同日における資産の額のうち連結実質赤字比率を適切に算定するために流動資産の額から控除すべき資産の額として総務省令で定める額の合算額を控除した額
　　ロ　当該年度の前年度の末日における流動負債の額から同日における一時借入金又は未払金で公営企業の建設改良費に係るもののうちその支払に充てるため当該年度において地方債を起こすこととしているものの額，同日における土地の売払代金としての前受金の額及び同日における負債の額のうち連結実質赤字比率を適切に算定するために流動負債の額から控除すべき負債の額として総務省令で定める額の合算額を控除した額
　　ハ　地方財政法施行令第19条第1項第2号に掲げる額
　　ニ　販売を目的とする土地の取得及び造成に係る経費並びにこれに準ずる経費として総務省令で定める経費（以下この号及び第4号において「土地造成等経費」という。）の財源に充てるために起こした地方債の当該年度の前年度の末日における現在高
　　ホ　土地造成等経費の財源に充てるための他の会計からの長期借入金の当該年度の前年度の末日における現在高

三　宅地造成事業以外の事業を行う法非適用企業に係る特別会計　イに掲げる額がロ及びハに掲げる額の合算額を超える場合において，その超える額
　　　イ　当該年度の前年度の決算における歳入額（当該年度に繰り越して使用する経費に係る歳出の財源に充てるために繰り越すべき金額を除く。）
　　　ロ　当該年度の前年度の決算における歳出額
　　　ハ　地方財政法施行令第20条第1項第3号に掲げる額
　　四　宅地造成事業を行う法非適用企業に係る特別会計　イ及びロに掲げる額の合算額がハからヘまでに掲げる額の合算額を超える場合において，その超える額
　　　イ　当該年度の前年度の決算における歳入額（当該年度に繰り越して使用する経費に係る歳出の財源に充てるために繰り越すべき金額を除く。）
　　　ロ　当該年度の前年度の末日における土地収入見込額
　　　ハ　当該年度の前年度の決算における歳出額
　　　ニ　地方財政法施行令第20条第1項第3号に掲げる額
　　　ホ　土地造成等経費の財源に充てるために起こした地方債の当該年度の前年度の末日における現在高
　　　ヘ　土地造成等経費の財源に充てるための他の会計からの長期借入金の当該年度の前年度の末日における現在高

（将来負担比率の算定に用いる支出予定額に係る経費）

第5条　法第2条第4号ロに規定する政令で定める経費は，地方財政法（昭和23年法律第109号）第5条各号に規定する経費とする。

（将来負担比率に負債の額が算入されることとなる法人）

第6条　法第2条第4号ヘに規定する政令で定める法人は，地方道路公社，土地開発公社及び地方独立行政法人とする。

（早期健全化基準）

第7条　法第2条第5号に規定する政令で定める数値は，次の各号に掲げる比率の区分に応じ，当該各号に定める数値とする。

　　一　実質赤字比率　次に掲げる地方公共団体の区分に応じ，それぞれ次に定める数値
　　　イ　都　次条第1号イに定める数値に40分の1を加えて得た数値に2分の1を乗じて得た数値
　　　ロ　道府県　80分の3
　　　ハ　市町村及び特別区　5分の1に当該市町村及び特別区について地方財政法施行令第8条第2項の規定により算定した額を標準財政規模の額で除して得た数値を加えて得た数値に2分の1を乗じて得た数値
　　二　連結実質赤字比率　次に掲げる地方公共団体の区分に応じ，それぞれ次に定める数

資料5　地方公共団体の財政の健全化に関する法律施行令

値
  イ　都　前号イに定める数値に20分の1を加えて得た数値
  ロ　道府県　80分の7
  ハ　市町村及び特別区　前号ハに定める数値に20分の1を加えて得た数値
 三　実質公債費比率　100分の25
 四　将来負担比率　次に掲げる地方公共団体の区分に応じ，それぞれ次に定める数値
  イ　都道府県及び指定都市　100分の400
  ロ　指定都市を除く市町村及び特別区　100分の350

（財政再生基準）
第8条　法第2条第6号に規定する政令で定める数値は，次の各号に掲げる比率の区分に応じ，当該各号に定める数値とする。
 一　実質赤字比率　次に掲げる地方公共団体の区分に応じ，それぞれ次に定める数値
  イ　都　次に掲げる額の合算額を当該年度の前年度の標準財政規模の額で除して得た数値
   (1)　当該年度の前年度の標準財政規模の額のうち地方財政法施行令第13条第1号イに掲げる額に相当する額に20分の1を乗じて得た額
   (2)　当該年度の前年度の標準財政規模の額のうち地方財政法施行令第13条第1号ロに掲げる額に相当する額に5分の1を乗じて得た額
  ロ　道府県　20分の1
  ハ　市町村及び特別区　5分の1
 二　連結実質赤字比率　次に掲げる地方公共団体の区分に応じ，それぞれ次に定める数値
  イ　都　前号イに定める数値に10分の1を加えて得た数値
  ロ　道府県　20分の3
  ハ　市町村及び特別区　10分の3
 三　実質公債費比率　100分の35

（健全化判断比率の算定の基礎となる書類を備えて置く期間）
第9条　法第3条第6項の規定により地方公共団体（都道府県，市町村及び特別区に限る。次章及び第3章において同じ。）が健全化判断比率の算定の基礎となる事項を記載した書類をその事務所に備えて置かなければならない期間は，当該健全化判断比率を公表した日から5年間とする。

第2章　財政の早期健全化

（財政健全化計画の策定を要しない場合）
第10条　法第4条第1項ただし書に規定する政令で定める場合は，当該年度の前年度の健全化判断比率のすべてが早期健全化基準未満である場合であって，当該年度の翌年度の健全化判断比率のすべてが早期健全化基準未満となることが確実であると認められるときとする。

2　地方公共団体が前項に規定する場合に該当することにより財政健全化計画を定めないこととしたときは，当該地方公共団体の長は，直ちに，その旨及び当該場合に該当すると判断した理由を公表し，かつ，総務大臣に報告しなければならない。

（財政健全化計画の軽微な変更）
第11条　法第5条第3項に規定する政令で定める財政健全化計画の軽微な変更は，次に掲げる変更とする。
　一　行政区画，郡，区，市町村若しくは特別区内の町若しくは字若しくはこれらの名称の変更，地番の変更又は住居表示に関する法律（昭和37年法律第119号）第3条第1項及び第2項若しくは第4条の規定による住居表示の実施若しくは変更に伴う変更
　二　前号に掲げるもののほか，誤記の訂正，人又は物の呼称の変更その他これらに類する記載事項の修正に伴う変更

第3章　財政の再生

（財政再生計画の軽微な変更）
第12条　法第9条第3項に規定する政令で定める財政再生計画の軽微な変更は，前条各号に掲げる変更とする。

（同意を得ていない地方公共団体が地方債を起こすことができる場合）
第13条　法第11条ただし書に規定する政令で定める場合は，次に掲げる場合とする。
　一　災害応急事業費，災害復旧事業費及び災害救助事業費の財源とする場合
　二　災害対策基本法（昭和36年法律第223号）第102条第1項の規定により，地方公共団体が地方債をもってその財源とすることができる場合
　三　武力攻撃事態等における国民の保護のための措置に関する法律（平成16年法律第112号）第170条第1項の規定により，地方公共団体が地方債をもってその財源とすることができる場合
　四　災害を防止するため災害復旧事業に合併して行う事業，災害に伴う緊急の砂防又は治山のための事業その他災害復旧事業に準ずる事業で国の負担金，補助金その他これに類するものを伴うものに要する経費の財源とする場合
　五　国が地方公共団体に負担金を課して直轄で行う事業に要する経費の財源とする場合

資料5　地方公共団体の財政の健全化に関する法律施行令

　六　地方債の借換えで総務省令で定めるもののために要する経費の財源とする場合

（財政再生団体に係る地方債の許可手続）
第14条　法第13条第1項（第23条第3項の規定により読み替えて適用する場合を含む。次項において同じ。）に規定する許可を受けようとする地方公共団体は，地方財政法施行令第2条第2項に規定する事業区分ごとに申請書を作成し，総務大臣の定める期間内に，これを総務大臣に提出しなければならない。

２　総務大臣は，法第13条第1項に規定する許可をしようとするときは，当該許可に係る地方債の限度額及び資金について，あらかじめ，財務大臣に協議するものとする。ただし，当該許可に係る地方債が総務省令・財務省令で定める要件に該当する場合については，この限りでない。

（総務大臣への通知を要する国の直轄事業）
第15条　法第14条第2項に規定する政令で定める事業は，地方財政法第10条の2各号（第2号の2を除く。）に規定する事業とする。

第4章　公営企業の経営の健全化

（資金不足比率の算定に用いる資金の不足額）
第16条　第3条の規定は，法第22条第2項に規定する政令で定めるところにより算定した当該年度の前年度の資金の不足額について準用する。この場合において，第3条第1項第1号イ中「ものの額及び同日における負債の額のうち連結実質赤字比率を適切に算定するために流動負債の額から控除すべき負債の額として総務省令で定める額の合算額」とあるのは「ものの額」と，同号ハ中「相当する額及び同日における資産の額のうち連結実質赤字比率を適切に算定するために流動資産の額から控除すべき資産の額として総務省令で定める額の合算額」とあるのは「相当する額」と，同項第2号イ中「ものの額，」とあるのは「ものの額及び」と，「前受金の額及び同日における負債の額のうち連結実質赤字比率を適切に算定するために流動負債の額から控除すべき負債の額として総務省令で定める額」とあるのは「前受金の額」と，同号ハ中「相当する額，」とあるのは「相当する額及び」と，「同じ。）及び同日における資産の額のうち連結実質赤字比率を適切に算定するために流動資産の額から控除すべき資産の額として総務省令で定める額」とあるのは「同じ。）」と読み替えるものとする。

（資金不足比率の算定に用いる事業の規模）
第17条　法第22条第2項に規定する政令で定めるところにより算定した当該年度の前年度の事業の規模は，次の各号に掲げる特別会計の区分に応じ，当該各号に定める額とする。

　一　法適用企業（宅地造成事業のみを行うものを除く。）に係る特別会計　当該年度の前年度の営業収益の額（当該年度の前年度において，当該法適用企業に係る施設の管

理を指定管理者（地方自治法（昭和22年法律第67号）第244条の2第3項に規定する指定管理者をいう。以下この条において同じ。）に行わせた場合で同法第244条の2第8項の規定により利用料金（同項に規定する利用料金をいう。以下この条において同じ。）を当該指定管理者の収入として収受させたときにあっては，当該営業収益の額及び当該年度の前年度に当該指定管理者の収入として収受させた利用料金の額の合計額に相当する額の合算額）から受託工事収益の額を控除した額
　二　宅地造成事業のみを行う法適用企業に係る特別会計　当該年度の前年度の末日における地方公営企業法施行令第15条第2項の資本の額（第4号において「資本の額」という。）及び同条第3項の負債の額（同号において「負債の額」という。）の合算額
　三　法非適用企業（宅地造成事業のみを行うものを除く。）に係る特別会計　当該年度の前年度の営業収益に相当する収入の額（当該年度の前年度において，当該法非適用企業に係る施設の管理を指定管理者に行わせた場合で利用料金を当該指定管理者の収入として収受させたときにあっては，当該営業収益に相当する収入の額及び当該年度の前年度に当該指定管理者の収入として収受させた利用料金の額の合計額に相当する額の合算額）から受託工事収益に相当する収入の額を控除した額
　四　宅地造成事業のみを行う法非適用企業に係る特別会計　当該年度の前年度の末日における資本の額に相当する額として総務省令で定めるところにより算定した額及び負債の額に相当する額として総務省令で定めるところにより算定した額の合算額

（資金不足比率の算定の基礎となる書類を備えて置く期間）
第18条　法第22条第3項において準用する法第3条第6項の規定により地方公共団体が資金不足比率の算定の基礎となる事項を記載した書類をその事務所に備えて置かなければならない期間は，当該資金不足比率を公表した日から5年間とする。

（経営健全化基準）
第19条　法第23条第1項に規定する政令で定める数値は，5分の1（公営競技を行う法適用企業にあっては，零）とする。

（経営健全化計画の策定を要しない場合）
第20条　法第23条第1項ただし書に規定する政令で定める場合は，当該年度の前年度の資金不足比率が経営健全化基準未満である場合又は公営企業の事業を開始した日が当該年度の前年度の中途である場合であって，当該年度の翌年度の資金不足比率が経営健全化基準未満となることが確実であると認められるときとする。
2　地方公共団体が前項に規定する場合に該当することにより経営健全化計画を定めないこととしたときは，当該地方公共団体の長は，直ちに，その旨及び当該場合に該当すると判断した理由を公表し，かつ，総務大臣に報告しなければならない。

資料5　地方公共団体の財政の健全化に関する法律施行令

（経営健全化計画の軽微な変更）
第21条　第11条の規定は，法第24条において準用する法第5条第3項に規定する政令で定める経営健全化計画の軽微な変更について準用する。

第5章　雑則

（都道府県が処理する事務）
第22条　法第10条第6項の規定による総務大臣の権限に属する事務（第12条に規定する軽微な変更に係るものに限る。）で市町村（指定都市を除く。第24条において同じ。）及び特別区である財政再生団体に係るものは，都道府県知事が行うこととする。
2　都道府県知事は，前項の規定により財政再生計画の変更に係る協議を受けた場合においては，当該協議の結果について，総務大臣に報告しなければならない。

（市町村の廃置分合に係る特例）
第23条　市町村の廃置分合があった場合における当該廃置分合後の市町村（以下この条において「廃置分合後の市町村」という。）については，当該廃置分合があった年度にあっては当該廃置分合前の市町村の決算に基づいて，当該廃置分合があった年度の翌年度にあっては当該廃置分合後の市町村及び当該廃置分合前の市町村の決算に基づいて，法第2条第1号から第4号までの規定に準じて総務省令で定めるところにより，実質赤字比率，連結実質赤字比率，実質公債費比率及び将来負担比率に相当する比率を算定するものとし，これらの比率をそれぞれ実質赤字比率，連結実質赤字比率，実質公債費比率及び将来負担比率とみなして，法の規定を適用する。この場合において，当該廃置分合があった年度における法第3条第1項及び第26条第1項の規定の適用については，法第3条第1項中「地方公共団体」とあるのは「市町村の廃置分合があった場合における当該廃置分合後の市町村」と，「毎年度，前年度の決算の提出を受けた後，速やかに」とあるのは「当該廃置分合が行われた後，当該廃置分合があった年度の末日までに」と，「公表しなければならない」とあるのは「公表しなければならない。ただし，当該廃置分合が行われた際に当該廃置分合前の関係市町村のすべてについて当該年度の健全化判断比率が既に公表されている場合には，当該廃置分合後の市町村の健全化判断比率及びその算定の基礎となる事項を記載した書類を監査委員の審査に付することを要しない」と，法第26条第1項中「財政健全化計画，財政再生計画又は経営健全化計画を定めなければならない地方公共団体の長は，これらの計画を定めるに当たっては，あらかじめ，当該地方公共団体」とあるのは「市町村の廃置分合があった場合において当該廃置分合後の市町村が財政健全化計画，財政再生計画又は経営健全化計画を定めなければならないときは，当該市町村の長は，当該廃置分合のあった年度の末日又は当該廃置分合のあった日から6月を経過する日のうちいずれか遅い日までに，当該市町村」とする。

2　廃置分合後の市町村が当該廃置分合前の市町村から再生振替特例債を承継した場合において，当該廃置分合後の市町村が財政再生団体であるとき又は財政再生計画を定めなければならないときにおける法第8条第3項の規定の適用については，同項中「起こす場合」とあるのは，「起こす場合又は廃置分合前の市町村の再生振替特例債を承継した場合」とする。

3　廃置分合後の市町村が当該廃置分合前の市町村から再生振替特例債を承継した場合において，当該廃置分合後の市町村が財政再生団体でなく，かつ，財政再生計画を定めることを要しないときは，当該廃置分合後の市町村の長は，速やかに，当該再生振替特例債の償還管理計画（以下「償還管理計画」という。）を作成しなければならない。この場合において，法第13条第1項中「財政再生団体及び財政再生計画を定めていない地方公共団体であって再生判断比率のいずれかが財政再生基準以上である地方公共団体」とあるのは「再生振替特例債を承継した地方公共団体であって，地方公共団体の財政の健全化に関する法律施行令（平成19年政令第397号）第23条第3項の規定により再生振替特例債の償還管理計画（以下「償還管理計画」という。）を作成しなければならないこととされる地方公共団体」と，同条第2項中「財政再生計画につき第10条第3項の同意を得ている財政再生団体」とあるのは「償還管理計画を定めた地方公共団体（以下「償還管理団体」という。）」と，「当該財政再生計画に定める各年度ごとの歳入に関する計画その他の地方債に関連する事項及び当該財政再生計画の実施状況」とあるのは「当該償還管理計画及びその実施状況」と，法第18条第1項中「財政再生団体」とあるのは「償還管理団体」と，「財政再生計画」とあるのは「償還管理計画」と，法第27条第4項中「財政再生計画による」とあるのは「償還管理計画による」と，「財政の再生」とあるのは「再生振替特例債の償還」と，「財政再生計画の」とあるのは「償還管理計画の」と，「財政再生計画完了報告書」とあるのは「償還管理計画完了報告書」と読み替えて，法第13条，第18条並びに第27条第4項及び第5項の規定を適用する。

4　前項の市町村の長は，償還管理計画を作成したときは，速やかに，これを議会に報告し，かつ，公表するとともに，これを総務大臣に提出しなければならない。

（都道府県知事を経由した報告等）
第24条　市町村又は特別区である財政再生団体が法第9条第2項若しくは第3項，第18条第1項若しくは第27条第4項の規定により都道府県知事を経由して総務大臣に報告する場合又は法第10条第1項の規定により都道府県知事を通じて総務大臣に協議する場合において，当該都道府県知事は，当該財政再生団体の財政の運営又は財政再生計画の内容若しくは実施状況について，意見を付するものとする。

2　前項に規定する場合のほか，市町村又は特別区が行う法又はこの政令の規定による総務大臣に対する報告，協議及び書類の提出は，都道府県知事を経由してしなければなら

資料5　地方公共団体の財政の健全化に関する法律施行令

ない。
（健全化判断比率等の公表方法）
第25条　法又はこの政令の規定による公表は，インターネットの利用及び公衆に見やすいその他の方法により行うものとする。
（財政健全化計画書等の様式）
第26条　財政健全化計画書，財政再生計画書，財政再生計画協議書，起債許可申請書，経営健全化計画書，償還管理計画書その他法又はこの政令の規定に基づいて総務大臣又は都道府県知事に提出すべき書類の様式は，総務省令で定める。
（事務の区分）
第27条　第22条第1項の規定により都道府県が処理することとされている事務は，地方自治法第2条第9項第1号に規定する第1号法定受託事務とする。

　　　　附　　則
（施行期日）
第1条　この政令は，平成21年4月1日から施行する。ただし，第1条から第9条まで，第16条から第18条まで，第23条第1項（法第26条第1項に係る部分を除く。），第25条及び附則第6条の規定は，平成20年4月1日から施行する。
（寄附金等の支出の制限の対象となる独立行政法人）
第3条　法附則第5条に規定する政令で定める独立行政法人は，独立行政法人国立公文書館，独立行政法人情報通信研究機構，独立行政法人酒類総合研究所，独立行政法人国立特別支援教育総合研究所，独立行政法人大学入試センター，独立行政法人国立青少年教育振興機構，独立行政法人国立女性教育会館，独立行政法人国立国語研究所，独立行政法人国立科学博物館，独立行政法人物質・材料研究機構，独立行政法人防災科学技術研究所，独立行政法人放射線医学総合研究所，独立行政法人国立美術館，独立行政法人国立文化財機構，独立行政法人国立健康・栄養研究所，独立行政法人労働安全衛生総合研究所，独立行政法人農林水産消費安全技術センター，独立行政法人種苗管理センター，独立行政法人家畜改良センター，独立行政法人水産大学校，独立行政法人農業・食品産業技術総合研究機構，独立行政法人農業生物資源研究所，独立行政法人農業環境技術研究所，独立行政法人国際農林水産業研究センター，独立行政法人森林総合研究所，独立行政法人水産総合研究センター，独立行政法人経済産業研究所，独立行政法人工業所有権情報・研修館，独立行政法人日本貿易保険，独立行政法人産業技術総合研究所，独立行政法人製品評価技術基盤機構，独立行政法人土木研究所，独立行政法人建築研究所，独立行政法人交通安全環境研究所，独立行政法人海上技術安全研究所，独立行政法人港湾空港技術研究所，独立行政法人電子航法研究所，独立行政法人航海訓練所，独立行政

法人海技教育機構，独立行政法人航空大学校，独立行政法人国立環境研究所，独立行政法人駐留軍等労働者労務管理機構，自動車検査独立行政法人，独立行政法人統計センター，独立行政法人教員研修センター，独立行政法人造幣局，独立行政法人国立印刷局，独立行政法人石油天然ガス・金属鉱物資源機構，独立行政法人国民生活センター，独立行政法人農畜産業振興機構，独立行政法人農業者年金基金，独立行政法人農林漁業信用基金，独立行政法人緑資源機構，独立行政法人国際協力機構，独立行政法人情報処理推進機構，独立行政法人新エネルギー・産業技術総合開発機構，独立行政法人中小企業基盤整備機構，独立行政法人科学技術振興機構，独立行政法人日本学術振興会，独立行政法人理化学研究所，独立行政法人宇宙航空研究開発機構，独立行政法人勤労者退職金共済機構，独立行政法人高齢・障害者雇用支援機構，独立行政法人国立重度知的障害者総合施設のぞみの園，独立行政法人労働政策研究・研修機構，独立行政法人雇用・能力開発機構，独立行政法人労働者健康福祉機構，独立行政法人原子力安全基盤機構，独立行政法人鉄道建設・運輸施設整備支援機構，独立行政法人水資源機構，独立行政法人国立病院機構，独立行政法人医薬品医療機器総合機構，独立行政法人環境再生保全機構，独立行政法人海洋研究開発機構，独立行政法人都市再生機構，独立行政法人国立高等専門学校機構，独立行政法人大学評価・学位授与機構，独立行政法人国立大学財務・経営センター，独立行政法人メディア教育開発センター，独立行政法人日本高速道路保有・債務返済機構，年金積立金管理運用独立行政法人，独立行政法人医薬基盤研究所，独立行政法人日本原子力研究開発機構，独立行政法人沖縄科学技術研究基盤整備機構，独立行政法人年金・健康保険福祉施設整理機構，独立行政法人住宅金融支援機構及び独立行政法人郵便貯金・簡易生命保険管理機構とする。

（国等に対する寄附金等の支出の制限の特例）

第4条 法附則第5条ただし書に規定する政令で定める場合は，次に掲げる場合とする。

一 国，独立行政法人（法附則第5条に規定する独立行政法人をいう。以下この条において同じ。）若しくは国立大学法人等（法附則第5条に規定する国立大学法人等をいう。以下この条において同じ。）又は会社等（法附則第5条に規定する会社等をいう。以下この条において同じ。）の所有する財産の譲与又は無償譲渡を受けるため，他の財産を国，独立行政法人若しくは国立大学法人等又は会社等に寄附しようとする場合

二 国，独立行政法人若しくは国立大学法人等又は会社等に対する地方公共団体の事務の移管に伴い当該事務の用に供するため国，独立行政法人若しくは国立大学法人等又は会社等に無償で貸し付けた財産で，当該地方公共団体において維持及び保存の費用を負担しているものを，当該地方公共団体の負担の軽減を図るため国，独立行政法人若しくは国立大学法人等又は会社等に寄附しようとする場合

三 地方公共団体の施行する工事により必要を生じて国，独立行政法人若しくは国立大

資料5　地方公共団体の財政の健全化に関する法律施行令

　　　学法人等又は会社等が施行する工事に係る費用を，その必要を生じた限度において当該地方公共団体が負担しようとする場合
　四　地方公共団体の施設で独立行政法人又は会社等が直接その本来の事業の用に供する施設と一体となって機能を発揮しているものを構成している財産を，当該施設の機能を増進させるため独立行政法人又は会社等に寄附しようとする場合。ただし，当該施設が専ら当該地方公共団体の利用に供され，又は主として当該地方公共団体を利することとなる場合に限る。
　五　専ら当該地方公共団体の利用に供され，又は主として当該地方公共団体を利することとなる施設で独立行政法人又は会社等の当該施設に係る一般的な設置基準を超えるものを当該独立行政法人又は会社等が設置する場合において，当該施設を構成する財産を独立行政法人又は会社等に寄附しようとし，又は当該財産の取得に要する費用を当該地方公共団体が負担しようとするとき。
　六　独立行政法人又は会社等の行う事業のうち，住民の福祉の増進に寄与し，かつ，地方行政の運営上緊急に推進する必要があるものとして総務省令で定めるものに要する経費の一部を，法律の定めるところにより行われる公営競技の競走（地方公共団体が特定の事業に協賛するため通常の開催回数又は開催日数の範囲を超えて開催するものであって，総務大臣が指定するものに限る。）に係る収益の一部をもって当該地方公共団体が負担しようとする場合
　七　国立大学法人等又は総務省令で定める独立行政法人（以下この号において「特定法人」という。）が，地方公共団体の要請に基づき，科学技術に関する研究若しくは開発又はその成果の普及（以下この号において「研究開発等」という。）で，地域における産業の振興その他住民の福祉の増進に寄与し，かつ，当該地方公共団体の重要な施策を推進するために必要であるものを行う場合に，当該研究開発等（当該特定法人において通常行われる研究開発等と認められる部分を除く。）の実施に要する経費を当該地方公共団体が負担しようとするとき。

（財政再生基準としての連結実質赤字比率についての経過措置）
第5条　平成21年度及び平成22年度における第8条第2号の規定の適用については，同号イ中「10分の1」とあるのは「5分の1」と，同号ロ中「20分の3」とあるのは「4分の1」と，同号ハ中「10分の3」とあるのは「5分の2」とする。
2　平成23年度における第8条第2号の規定の適用については，同号イ中「10分の1」とあるのは「20分の3」と，同号ロ中「20分の3」とあるのは「5分の1」と，同号ハ中「10分の3」とあるのは「20分の7」とする。

（平成20年度から平成22年度までの各年度における早期健全化基準及び財政再生基準の算定の特例）

第6条　平成20年度から平成22年度までの各年度における第7条第1号及び第8条第1号の規定の適用については，同号イ(1)中「地方財政法施行令第13条第1号イ」とあるのは，「地方財政法施行令附則第12条第2項及び第16条の規定により読み替えられた同令第13条第1号イ」とする。

（平成21年度における地方債を起こすことができる場合の特例）

第7条　平成21年度における第13条の規定の適用については，同条中「次に掲げる場合」とあるのは，「次に掲げる場合及び地方財政法第33条の5の2第1項の規定により地方公共団体が地方債をもってその歳出の財源とすることができる場合」とする。

＜参考文献＞

青木信之「財政健全化法とその運用」『地方自治職員研修』(臨時増刊) No.86, 公職研, 平成19年11月。

足立伸「地方自治体破綻法制の展望——地方自治体債務の再編成のための法制度の必要性——」PRI Discussion Paper SeriesNo.06-J-23財務省財務総合政策研究部, 平成18年3月。

小笠原春夫『予算の見方・つくり方』(平成20年度版) 学陽書房, 平成19年。

兼村高文『ガバナンスと行財政システム改革』税務経理協会, 平成16年。

公会計改革研究会編『公会計改革』日本経済新聞社, 平成20年。

小西左千夫『自治体財政健全化法』学陽書房, 平成20年。

坂田和光「米国の自治体破綻と州の関与——連邦破綻法第9条をめぐって——」『レファレンス』平成19年1月。

自治体国際化協会「米国地方政府の破産」『CKAIR REPORT』No.59, 1993年。

自治体国際化協会「米国における地方公共団体の財政再建制度」『CKAIR REPORT』No.321, 2008年。

菅原敏夫「自治体「財政健全化法」(再生法) の内容と課題」『自治総研』Vol.33, No.5, 平成19年5月。

高木健二「夕張市の財政再建と財政健全化法」『自治総研』Vol.33, No.4, 平成19年4月。

地方財政調査研究会『平成20年度地方公共団体財政健全化法のあらまし』地方財務協会, 平成20年。

地方財務編集局『自治体財政健全化法のしくみ (増補版)』ぎょうせい, 平成20年。

土居丈朗『地方債改革の経済学』日本経済新聞社, 平成19年。

都財政問題研究会『体系都財政用語事典』都政新報社, 平成19年。

的井宏樹「欧州の地方財政再建制度」『地方財政』2004年7月号, 地方財務協会,

平成16年。
平岡和久・森裕之『新型交付税と財政健全化法を問う』自治体研究社,平成19年。
横山純一「夕張市財政破綻の検証と今後」『月刊／地方自治職員研修』臨時増刊

総務省『新地方公会計制度研究会報告書』平成18年12月8日。
総務省『新地方公会計制度実務研究会報告書』平成18年12月8日。
総務省『新しい地方財政再生制度研究会報告書』平成18年12月8日。
総務省『地方公共団体の財政の健全化に関する法律案関係資料集』平成19年第166国会提出資料。
北海道企画振興部『夕張市の財政運営に関する調査（最終報告）』平成18年9月。
自治総合センター「地方公共団体の財政分析等に関する調査研究会報告書」平成20年3月。

索　　引

あ
赤池町（現福智町）……………………4
アカウンタビリティ……………………111
新しい地方財政再生制度研究会………8, 21
新しい地方財政再生制度研究会報告書…35

い
維持補修費………………………………90
一時借入金………………………………20
一部事務組合……………………………82

え
衛生費……………………………………94

お
オレンジ郡………………………………16

か
解消可能資金不足額……………………62
格付け……………………………………119
ガバナンス………………………………125

き
議会費……………………………………93
基準財政収入額…………………………96
基準財政需要額…………………………96
義務的経費………………………………90
教育費……………………………………95

く
国・地方の協約（Central−Local Concordat）……………………………112
繰上充用…………………………………91
繰入金……………………………………85
繰越金……………………………………85

繰出金……………………………………91

け
経営健全化基準…………………………38, 64
経営健全化計画…………………………25, 33, 66
経営健全化団体…………………………38
経常収支比率……………………………97
決算状況（決算カード）………………78
決算書類…………………………………78
健全化判断比率…………………………24, 36, 63, 64
健全化判断比率の状況…………………77

こ
公営企業…………………………………113
公営企業会計制度に関する実務研究会…69
公営企業の経営の健全化………………25
公営企業の健全化………………………33
公会計……………………………………121
公会計改革（発生主義会計・複式簿記化）
　…………………………………………17
広報（ＩＲ）活動………………………119
公立病院改革ガイドライン……………115
国庫支出金………………………………85
固定資産税………………………………88

さ
災害復旧費………………………………95
財産収入…………………………………85
財政健全化計画…………………………24, 28, 65
財政健全化団体…………………………29
財政再生基準……………………………38, 64
財政再生計画……………………………25, 30, 65
財政再生団体……………………………31, 38
財政状況等一覧表………………………102
財政の再生………………………………25, 29
財政の早期健全化………………………24, 28

179

再生振替特例債……………………31	せ
財政力指数………………………97	性質別歳出の状況………………89
歳入の状況………………………84	そ
債務超過…………………………11	早期健全化基準……………38,64
債務調整…………………………17	早期健全化団体…………………36
債務負担行為額…………………98	早期是正措置……………………69
債務保証…………………………11	総務費……………………………94
し	損失補償…………………………11
事業所税…………………………88	た
事業の規模………………………60	第三セクター………………10,117
資金の剰余額……………………60	ち
資金の不足額……………………59	地域力再生機構………………117
資金不足比率………………25,36,59	チェルシー市……………………16
指数等の状況……………………96	地方公営企業等金融機構………116
市町村財政比較分析表…………108	地方公共団体の財政の健全化に関する
市町村税の状況…………………88	法律…………………………21,23
市町村民税………………………88	地方公社………………………117
市町村類型………………………81	地方交付税………………………84
市町村類似団体…………………105	地方債……………………………85
実質赤字額………………………40	地方財政再建促進特別措置法…23
実質赤字比率…………………39,64	地方財政状況調査表……………77
実質黒字額………………………42	地方三公社(住宅，道路，土地開発)……10
実質公債費比率……………44,64,98	地方分権21世紀ビジョン懇談会……7
実質収支赤字団体………………72	徴収率……………………………99
指定団体等の状況………………81	つ
収支状況…………………………82	積立金……………………………91
充当可能財源等…………………55	と
準元利償還金……………………44	投資・出資・貸付金……………91
商工費……………………………94	投資的経費………………………91
将来負担額………………………45	特定財源…………………………44
将来負担比率………………45,64,69	特別区財政調整納付金…………95
使用料・手数料…………………85	都市計画税……………………44,57,88
諸支出金…………………………95	都道府県支出金…………………85
諸収入……………………………85	
新地方分権構想検討委員会………8	
人件費……………………………89	
新公会計制度実務研究会報告書……21	
人口集中地区人口………………81	

索　引

土木費……………………………94

に

ニュー・パブリック・サービス
　（NPS）………………………125
ニュー・パブリック・マネジメント
　（NPM）………………………125

の

農林水産業費……………………94

は

破産………………………………9
破綻………………………………9
パブリック・マネジメント(公共経営)
　………………………………111

ひ

標準財政規模………………40, 97
標準税収入額……………………97

ふ

扶助費……………………………89
普通会計…………………………78
普通会計決算……………………80

物件費……………………………90
ブリッジポート市………………16
分担金・負担金…………………84
補助費等…………………………91

み

民生費……………………………94

も

目的別歳出の状況………………93

ゆ

夕張破綻………………………3, 17

る

類似団体…………………………104

れ

連結実質赤字額…………………42
連結実質赤字比率…………41, 64
連邦破産法………………………15

ろ

労働費……………………………94

181

＜著者略歴＞

兼村　髙文（かねむら　たかふみ）

1950年生まれ。
専修大学大学院博士後期課程単位取得後，
明海大学経済学部専任講師，助教授，教授を経て，
現在，明治大学公共政策大学院ガバナンス研究科教授。
専攻は地方財政論，公会計論。
主要著書は『地方財政論』（共編著，税務経理協会，2000年），
『財政学』（共編著，税務経理協会，2001年），『ガバナンスと
行財政改革』（税務経理協会，2004年），『すぐわかる自治体財政』
（共著，イマジン出版，2008年）など。

著者との契約により検印省略

平成20年7月30日　初版第1刷発行　**財政健全化法と自治体運営**

著　者	兼　村　髙　文
発行者	大　坪　嘉　春
印刷所	税経印刷株式会社
製本所	株式会社　三森製本所

発行所　東京都新宿区下落合2丁目5番13号　株式会社　税務経理協会
郵便番号 161-0033　振替 00190-2-187408　電話(03)3953-3301(編集部)
FAX (03)3565-3391　　　　　　　　　　　(03)3953-3325(営業部)
URL　http://www.zeikei.co.jp/
乱丁・落丁の場合はお取替えいたします。

Ⓒ　兼村髙文　2008　　　　　　　　　Printed in Japan

本書を無断で複写複製（コピー）することは，著作権法上の例外を除き，禁じられています。本書をコピーされる場合は，事前に日本複写権センター（JRRC）の許諾を受けてください。
JRRC(http://www.jrrc.or.jp　eメール:info@jrrc.or.jp　電話:03-3401-2382)

ISBN978-4-419-05131-0　C1033